POURQUOI LES ANIMAUX FONT-ILS CELA ?

101 Choses aléatoires, intéressantes et farfelues que font les animaux - Les faits, la science et les anecdotes sur les raisons pour lesquelles les animaux font ce qu'ils font !

SCOTT MATTHEWS

« Plus tu lis, plus tu sauras de choses.

Plus tu apprends, à plus d'endroits tu iras. »

- Dr Seuss

Table des matières

Introduction

Avez-vous déjà été émerveillé par les comportements excentriques et souvent déroutants du royaume animal ? Du ronronnement apaisant d'un chat au mystérieux nez humide des chiens, le monde des animaux est rempli d'énigmes captivantes qui attendent d'être dénouées. Dans *Pourquoi les animaux font-ils ça ?* Nous nous lançons dans une exploration sympa des particularités curieuses et charmantes des créatures avec lesquelles nous partageons notre planète.

Ce livre vous invite à me rejoindre pour un voyage de découverte, où nous nous pencherons sur les questions intrigantes qui nous ont laissé perplexes pendant des générations. Nous découvrirons les objectifs cachés derrière ces comportements et traits, en élucidant les secrets de l'évolution, de l'adaptation et de la survie. À travers chaque chapitre, vous acquerrez une compréhension approfondie sur les manières importantes dont les animaux se lient à leur environnement et à nous.

Alors, embarquons ensemble dans cette aventure, pour dévoiler les mystères du royaume animal, révélant une chose à la fois. Ce livre explore les aspects remarquables, extraordinaires et réconfortants du monde naturel, et chaque page promet de vous rendre plus reconnaissants des créatures enchanteresses qui partagent notre monde.

1. Pourquoi les caméléons changent-ils de couleur ?

Les caméléons peuvent changer de couleur pour communiquer avec d'autres caméléons, réguler leur température corporelle et se camoufler dans leur environnement. Ils le font en contrôlant les pigments de leur peau et en ajustant la réflectivité de leur peau. Les caméléons ont des cellules dans leur peau appelées chromatophores, qui contiennent des pigments tels que la mélanine, les caroténoïdes et les ptéridines. En dilatant ou en contractant ces cellules, les caméléons peuvent changer la couleur et le motif de leur peau. Ils peuvent également modifier la réflectivité de leur peau en contrôlant l'orientation de minuscules cristaux réfléchissants appelés iridophores. Les couleurs et les motifs spécifiques d'un caméléon peuvent varier en fonction de l'espèce et du contexte dans lequel il est exposé. Par exemple, un caméléon peut prendre des couleurs vives pour communiquer l'agressivité ou la séduction, ou il peut prendre des couleurs plus discrètes pour se fondre dans son environnement et éviter les prédateurs. On les trouve en Afrique, à Madagascar, en Europe et en Asie. Ils sont également connus pour leurs longs yeux saillants, qui bougent indépendamment et qui leur permettent de scruter leur environnement dans toutes les directions. Les caméléons ont de longues langues collantes pour attraper des insectes et d'autres petites proies ; chez certaines espèces, la langue est plus longue que le corps !

2. Les crocodiles pleurent-ils vraiment ?

Les crocodiles produisent des larmes, mais ils ne versent pas de larmes en réponse à des émotions telles que la tristesse ou la douleur. Les larmes chez les crocodiles ont un but différent, à savoir garder leurs yeux humides et éliminer le sel. Les crocodiles vivent à la fois dans des environnements d'eau salée et d'eau douce, et leurs yeux peuvent être exposés à l'eau salée lorsqu'ils plongent ou se nourrissent. Les larmes facilitent l'élimination du sel de leurs yeux, prévenant ainsi les lésions oculaires et maintenant une vision claire. Lorsque les crocodiles produisent des larmes, elles ne coulent pas sur leur visage comme des larmes humaines, mais s'accumulent plutôt aux coins de leurs yeux.

3. Pourquoi dansent les autruches ?

Les autruches sont de grands oiseaux qui sont parfois élevés pour leur viande. Récemment, de nombreuses vidéos d'autruches faisant une sorte de « danse » ont fait surface. Quand elles dansent, elles se penchent en arrière et se déplacent d'un côté à l'autre. Leurs ailes montent et descendent lorsqu'elles bougent la tête. Bien que leurs danses aient l'air très drôles, elles sont très importantes dans le cycle de vie de l'autruche. Seules les autruches mâles dansent et c'est censée être une sorte d'appel de rencontre. Les mâles vont danser afin d'attirer les autruches femelles et pour montrer qu'ils sont intéressées. Cependant, cela n'explique pas tout à fait pourquoi les autruches dansent également lorsque des humains les entourent. Lorsqu'une autruche mâle est tenue à l'écart des autruches femelles pendant une longue période, elle peut parfois montrer de l'intérêt pour les animaux qui ne sont pas des autruches. En effet, les autruches sont souvent incapables de dire si certaines créatures, telles que les humains, appartiennent ou non à une espèce différente. Ainsi, les gens ayant des autruches de compagnie et des agriculteurs ayant une autruche à la ferme se retrouvent occasionnellement accueillis par une autruche dansante.

4. Pourquoi les cochons se roulent-ils dans la boue ?

Les cochons aiment la boue, mais pourquoi l'aiment-ils autant ? Les cochons n'aiment pas seulement la boue, ils en ont besoin pour vivre une vie saine et heureuse. Il y a plusieurs raisons à cela. Tout d'abord, la boue aide les porcs à réguler leur température corporelle. Les porcs passent souvent beaucoup de temps dehors dans la chaleur. La boue agit comme une sorte d'écran solaire qui empêche les coups de soleil. De plus, l'humidité dans la boue aide à garder les cochons au frais grâce au refroidissement par évaporation, similaire à la façon dont la transpiration fonctionne chez les humains. Deuxièmement, se vautrer dans la boue les aide à se débarrasser des parasites qui se trouvent sur leur peau. La boue agit comme une sorte de lavage qui élimine les insectes. De plus, la boue aide à répandre l'odeur des hormones produites par les cochons. Ceci est important lorsqu'ils veulent trouver un partenaire et revendiquer un territoire. Enfin, se vautrer dans la boue est une activité sociale pour les cochons. Ils le font instinctivement pour créer des liens avec d'autres cochons. Sans boue, cette liaison n'est pas aussi efficace. Ainsi, la boue est un ingrédient nécessaire pour avoir des cochons heureux.

5. Pourquoi les chiens jouent-ils à aller chercher des choses ?

Il y a une variété de raisons pour lesquelles les chiens aiment jouer à aller chercher des choses, et il y a un grand nombre de raisons pour lesquelles certains chiens peuvent l'aimer plus que d'autres. En général, il agit comme un exercice pour les chiens. Cela produit des réactions chimiques positives dans le cerveau des chiens, similaires à ce que les humains ressentent lorsqu'ils ont eu un bon entraînement. De plus, le fait de trouver la balle et de la ramener active le système de récompense dans le cerveau du chien, procurant un effet d'accomplissement. Les scientifiques pensent que cela imite le sentiment de ramener à la maison des animaux morts, ce que les loups − qui sont les ancêtres des chiens − avaient l'habitude de faire fréquemment. Certaines races de chiens, comme les retrievers et ou les chiens de chasse, ont encore plus de raisons d'aimer ce jeu. Les retrievers ont été élevés pour récupérer le gibier chassé par leur propriétaire. Trouver un jouet pendant le jeu imite cette récupération. De la même manière, les chiens de chasse ont souvent appris à traquer et à chasser certains types d'animaux. Ce jeu imite également ce comportement et offre une opportunité de liaison entre un chien et l'un de leurs humains préférés. La plupart des chiens apprécient ce temps pour jouer et pour passer du temps avec leurs personnes préférées.

6. Pourquoi les oiseaux moqueurs se moquent-ils des bruits ?

Peut-être avez-vous entendu des oiseaux moqueurs imiter une variété de bruits allant des sons d'autres oiseaux aux bruits de voitures dans la rue ou aux alarmes qui se déclenchent au loin. Certaines personnes se demandent pourquoi ces oiseaux développent une compétence aussi étrange. En réalité, les oiseaux moqueurs imitent tous ces sons intéressants principalement dans le but de s'accoupler. Les oiseaux moqueurs mâles attirent les femelles grâce à des prouesses de mimétisme impressionnantes et les femelles semblent être plus attirées par les mâles pouvant imiter une variété de sons. Malgré cela, les oiseaux moqueurs ont également des sons qui appartiennent spécifiquement à leur propre espèce. Ils ont des chansons spécifiques qui ne sont chantées que par eux. Ainsi, ces chants sont également utilisés pour attirer les partenaires en plus des différents mimétismes. Les scientifiques ne savent toujours pas pourquoi ces actes de mimétisme attirent autant les oiseaux femelles. Des études sont toujours en cours pour tenter de comprendre le but de cette étrange méthode d'attraction.

7. Pourquoi les ratons laveurs lavent-ils leur nourriture ?

Des vidéos partout sur Internet montrent des ratons laveurs trempant de la nourriture dans de l'eau avant de la manger. Beaucoup de gens trouvent cela intrigant. Pourquoi les ratons laveurs lavent-ils leur nourriture ? Cela aide-t-il vraiment leur nourriture à devenir plus propre ? En réalité, lorsque les ratons laveurs trempent leur nourriture dans de l'eau pour la « laver, » ils ne la lavent pas du tout. En réalité, ils essaient simplement de recueillir des informations sur ce qu'ils mangent. Les scientifiques s'en sont rendu compte lorsqu'ils ont placé des ratons laveurs dans une zone sans source d'eau pour laver leurs aliments. Les ratons laveurs continuaient à « laver » la nourriture. D'autres études ont montré que les ratons laveurs ont des mains très sensibles au toucher. Ils utilisent ce sens pour recueillir des informations sur les choses, y compris leur nourriture. Mouiller les articles à l'avance les rend plus faciles à sentir et aide les ratons laveurs à avoir une meilleure idée de ce qu'ils tiennent. Ainsi, ils ne lavent pas leur nourriture, mais la préparent pour l'inspection !

8. Pourquoi les cochons d'Inde font du « pop-corn » ?

Le « popcorning » est un terme utilisé pour décrire une action que les cochons d'Inde font souvent. Le popcorning se produit lorsqu'un cochon d'Inde saute soudainement en l'air et se cogne les pattes arrière. Parfois, ils répètent le comportement plusieurs fois de suite avant de s'arrêter. Les cochons d'Inde le font principalement pour exprimer de l'excitation ou du bonheur. Bien que les jeunes cochons d'Inde sont plus susceptibles de faire du pop-corn que les cochons d'Inde plus âgés, le comportement est observé chez les cochons d'Inde de tout âge. Parfois, un popcorning excessif peut être considéré comme un signe de stress chez les cochons d'Inde. Si le popcorning est accompagné de gémissements ou d'autres indicateurs de malaise, cela pourrait signifier que le cochon d'Inde fait du pop-corn pour s'apaiser. Cependant, si un cochon d'Inde semble globalement heureux et ne fait que du pop-corn pendant les périodes de jeu, il est généralement considéré comme un signe que l'animal est heureux.

9. Pourquoi les loups ont-ils des meutes ?

Les loups sont des animaux de meute, restant ensemble dans des groupes spéciaux tout au long de leur vie. Ce mode de vie présente de nombreux avantages pour les chiens sauvages. Tout d'abord, il est plus facile d'élever des chiots. Les louveteaux sont souvent exubérants et ont besoin de beaucoup d'attention. Les élever en meute garantit qu'ils auront suffisamment d'adultes autour d'eux pour les garder en sécurité et nourris. Deuxièmement, la chasse est plus facile en meute. Lorsque les meutes de loups chassent, elles sont capables d'encercler et de rassembler leurs proies comme il le faut. Cela ne serait pas possible si un loup chassait seul. La taille même de la meute augmente les chances d'une chasse réussie et rend le processus beaucoup plus facile. Troisièmement, les loups sont plus en mesure de défendre leur territoire s'ils ont une grande meute. Les loups solitaires n'ont pas la capacité de défendre leur territoire contre d'autres animaux qui souhaitent s'emparer de la région. Un grand nombre, en revanche, peut facilement repousser la plupart des animaux. Dans l'ensemble, les avantages de la vie en communauté l'emportent sur les risques, ce qui permet aux loups d'être des animaux de meute efficaces.

10. Pourquoi certains chiens ont-ils des oreilles tombantes et d'autres non ?

Avez-vous déjà remarqué que certains chiens ont des oreilles qui pointent vers le haut, d'autres ont des oreilles qui tombent et d'autres ont des oreilles qui tombent vraiment ? Il y a une raison pour laquelle les chiens ont des formes d'oreilles différentes. Les humains ont élevé des chiens pour jouer des rôles spécifiques dans la société. Certaines races de chiens ont été élevées pour avoir des oreilles qui ne sont pas faciles à saisir. Ces chiens ont souvent des oreilles qui pointent ou qui sont faciles à couper pour qu'elles pointent, et ils travaillent généralement avec des animaux dangereux ou des personnes dangereuses qui peuvent vouloir s'agripper à eux. Pendant ce temps, d'autres chiens ont été élevés pour avoir de longues oreilles tombantes. Ces chiens sont généralement des chiens odorants. Les chiens odorants sont des chiens qui ont été élevés afin de suivre leurs proies en utilisant leur odorat. Ils ont souvent des oreilles tombantes car leurs longues oreilles aident à épousseter le sol chaque fois qu'ils recherchent une proie. Cela aide à faire remonter les odeurs qu'ils pourraient autrement manquer. Ainsi, la forme des oreilles d'un chien dépend de ce pour quoi il a été élevé.

Le saviez-vous ?

- Les dauphins utilisent des sifflements uniques pour s'identifier, comme un nom.
- Les vaches communiquent entre elles par un système complexe de meuglements.
- Les chauves-souris peuvent manger jusqu'à 1 000 moustiques par heure.
- Les chiens de prairie ont un système de communication sophistiqué avec différents cris pour différents prédateurs.
- Les abeilles font une « danse frétillante » pour communiquer l'emplacement des sources de nourriture à leur ruche.
- Certains poissons changent de sexe au cours de leur vie.
- Les hyènes femelles sont généralement plus grandes et plus dominantes que les mâles.

11. Pourquoi les araignées tissent-elles des toiles ?

Les toiles d'araignées sont partout. Chaque jour, des gens les balayent ou y entrent par accident. Les araignées fabriquent des toiles pour deux raisons principales : pour se fournir un abri et pour attraper des proies. La plupart des araignées n'utilisent pas réellement leurs toiles comme maison, mais un petit nombre d'espèces le font. Les araignées à toile en entonnoir, par exemple, créent un nid en forme d'entonnoir à partir de leur toile et peuvent rester à l'intérieur même lorsqu'elles ne cherchent pas de proie. Toutes les araignées, cependant, utilisent leurs toiles pour chasser. Les toiles d'araignées sont collantes et sont tissées d'une manière qui est parfois difficile à voir pour les autres insectes, causant les insectes à voler dedans par accident. Quand ils essaient de s'en échapper, ils deviennent simplement plus emmêlés. Les araignées attrapent aussi parfois leurs proies elles-mêmes et les ramènent sur leur toile pour les piéger et pour les manger ultérieurement. Elles enveloppent les insectes et les gardent dans une sorte de cocon, prêts pour quand l'araignée souhaite manger.

12. Pourquoi les baleines émettent-elles des sons, font-elles des brèches et s'échouent-elles ?

Les baleines font partie des animaux les plus fascinants et les plus intelligents de la planète. Il en existe plus de quatre-vingts espèces, que l'on connaisse, allant du cachalot pygmée, qui peut mesurer jusqu'à huit à dix pieds (2,4 à 3 mètres), à l'énorme baleine bleue, qui peut atteindre plus de 100 pieds (30,4 mètres) de long et peser jusqu'à 200 tonnes (l'équivalent d'environ vingt-cinq éléphants entiers !). L'un des comportements les plus inhabituels des baleines est leur capacité à communiquer par des vocalisations ou des sons. Ces vocalisations peuvent servir à diverses fins, y compris la communication, la navigation et la recherche de nourriture. Certaines espèces de baleines, comme les baleines à bosse, sont connues pour leurs chants complexes, qui peuvent être entendus à plus de vingt miles de distance (trente-deux kilomètres) et qui durent des heures. Les baleines sont également connues pour leurs capacités acrobatiques impressionnantes, telles que la brèche, où elles se lancent hors de l'eau et s'écrasent avec une énorme éclaboussure. On pense que ce comportement sert à plusieurs fins, notamment la communication, la socialisation et peut-être même se débarrasser des parasites. Malgré leur taille massive, les baleines jouent un rôle essentiel dans l'écosystème océanique. Elles aident à répandre des nutriments dans tout l'océan en mangeant de minuscules organismes en bas de la chaîne alimentaire, puis en excrétant les nutriments près de la surface. Cela aide à soutenir la croissance du phytoplancton, une source de nourriture vitale pour de nombreuses autres espèces marines. Dans certains cas, les baleines peuvent s'échouer accidentellement en raison d'une mauvaise navigation, de maladie ou de désorientation causée par des activités humaines, telles que les sonars militaires.

13. Pourquoi les écureuils enterrent-ils leurs glands ?

Les écureuils adorent ramasser des glands et d'autres noix. Parfois, ils mangent ces délices dès qu'ils les trouvent. Cependant, on peut parfois trouver des écureuils qui enterrent des glands. Pourquoi les écureuils passent-ils du temps à enterrer leur nourriture ? Les écureuils enterrent leurs glands afin de se préparer aux rudes mois d'hiver lorsque les glands ne sont pas faciles à trouver. En temps d'abondance, ils enterrent les glands supplémentaires qu'ils trouvent afin de s'assurer qu'ils ont un stock qui leur durera tout l'hiver. Beaucoup de gens se demandent si les écureuils sont réellement capables de trouver les glands qu'ils ont enterrés, d'autant plus qu'ils semblent en enterrer tant chaque année. Les écureuils peuvent généralement se souvenir de l'endroit exact où ils ont enterré leurs glands. Cependant, s'ils oublient, ils peuvent aussi souvent les trouver en utilisant leur odorat ! Un autre fait intéressant sur les écureuils qui enterrent leurs noix est qu'ils font ce qu'on appelle la thésaurisation de dispersion. C'est quand ils enterrent les noix à différents endroits, de sorte que si un stock de noix est pris par d'autres écureuils, ils auront encore des stocks supplémentaires pour survivre l'hiver.

14. Pourquoi les animaux hibernent-ils ?

Les animaux hibernent pour conserver leur énergie et survivre lorsque la nourriture se fait rare ou que le temps est rude. L'hibernation est un état de réduction de l'activité corporelle et du métabolisme, au cours duquel la température corporelle, la fréquence cardiaque et la fréquence respiratoire d'un animal diminuent considérablement. Pendant l'hibernation, le corps d'un animal utilise les graisses stockées et d'autres réserves d'énergie pour survivre, plutôt que d'avoir besoin de trouver de la nourriture régulièrement. Cela permet à l'animal de survivre pendant les périodes de pénurie alimentaire ou de conditions météorologiques difficiles, telles que les hivers froids ou les étés secs. L'hibernation est une stratégie utilisée par une variété d'animaux, notamment les ours, les chauves-souris, les rongeurs et certaines espèces de reptiles et d'amphibiens. Chaque espèce a ses besoins spécifiques pour l'hibernation, tels que la quantité de graisse nécessaire pour survivre, la durée de l'hibernation et les conditions environnementales spécifiques qui déclenchent l'hibernation.

15. Pourquoi les oiseaux volent-ils en formation en « V » ?

Avez-vous déjà remarqué une volée d'oiseaux volant en formation en «V» et vous êtes-vous demandé ce qui se passait ? Ce comportement permet aux oiseaux d'économiser de l'énergie et d'améliorer leur aérodynamisme en vol. Beaucoup d'oiseaux, tels que les oies, les canards et les pélicans, utilisent une formation en «V» lorsqu'ils volent, mais pas tous les oiseaux le font. Lorsqu'il vole en formation en «V,» l'oiseau à l'avant, appelé « oiseau de tête, » vole face au vent et crée une zone de basse pression derrière lui. Les autres oiseaux de la formation volent alors dans la zone de basse pression créée par l'oiseau de tête, qui nécessite moins d'énergie pour maintenir le vol. En plus d'économiser de l'énergie, le fait de voler en formation en «V» aide également les oiseaux à améliorer leur aérodynamisme en profitant de la portance générée par l'oiseau de tête. Bien que le vol en formation en «V» soit courant chez de nombreuses espèces d'oiseaux, d'autres, comme les oiseaux de mer et les oiseaux de proie, optent plutôt pour des schémas de vol solitaires ou peu dispersés.

16. Pourquoi les coqs chantent-ils ?

Beaucoup de gens dans les zones rurales – et même certaines personnes dans la ville – sont réveillés chaque matin par le chant bruyant d'un coq. Cependant, pourquoi le coq chante-t-il, et surtout, pourquoi le coq chante-t-il si tôt ? En réalité, les coqs chantent toute la journée et pour une très bonne raison. Ils commencent à chanter dès que le soleil se lève et ils ne s'arrêtent qu'après la tombée de la nuit. La raison en est que pendant la journée, les coqs sont chargés de garder leur troupeau. Leurs chants sont des tentatives d'avertissement d'un danger potentiel. Ainsi, lorsque vous entendez un coq chanter, cela signifie qu'il voit une source potentielle de danger. Malheureusement, les coqs semblent croire que presque tout constitue une menace. Cela peut les amener à chanter à chaque changement d'environnement et à chaque mouvement soudain. Heureusement, la plupart des gens ne vivent pas trop près des fermes et sont à l'abri du chant du coq toute la journée.

17. Pourquoi les oiseaux migrent-ils ?

Les oiseaux migrent pour profiter des changements saisonniers vis-à-vis de la disponibilité de nourriture, les possibilités de reproduction et l'habitat convenable. À l'automne, de nombreuses espèces d'oiseaux migrent vers des climats plus chauds pour échapper au froid de l'hiver et profiter de sources de nourriture plus abondantes. Au printemps, ces mêmes oiseaux retournent dans leurs aires de reproduction pour se reproduire et élever leurs petits. Le moment précis et l'itinéraire de la migration d'un oiseau peuvent dépendre de divers facteurs, notamment l'espèce d'oiseau, la latitude et l'altitude de ses aires de reproduction et d'hivernage, ainsi que la disponibilité de nourriture et d'habitat convenable. La migration est un trait adaptatif important qui permet aux oiseaux de survivre et de se reproduire dans des conditions environnementales qui changent. Cela peut être risqué pour les oiseaux, car ils doivent parcourir de longues distances et font souvent face à divers défis, tels que des prédateurs et des conditions météorologiques difficiles.

18. Pourquoi les abeilles s'engagent-elles dans la pollinisation ?

Les abeilles pollinisent les fleurs et d'autres plantes afin de récolter le nectar et le pollen comme source de nourriture pour elles-mêmes et leurs petits. Lorsque les abeilles se déplacent d'une fleur à l'autre, elles transfèrent le pollen des structures reproductrices mâles d'une plante aux systèmes reproducteurs femelles d'une autre plante, ce qui peut conduire à la fécondation et à la production de graines. La pollinisation est un processus nécessaire qui permet aux plantes de se reproduire et de produire des graines, qui sont nécessaires à la survie de l'espèce. Elle est également essentielle à la production de nombreux aliments dont dépendent les humains et autres animaux, notamment les fruits, les légumes et les noix. En plus de récolter de la nourriture, les abeilles permettent également aux plantes de disperser leur pollen et à fertiliser leurs fleurs. Cette relation symbiotique entre les abeilles et les plantes est essentielle à de nombreux écosystèmes, ainsi qu'à la santé et à la survie des abeilles et des plantes.

19. Pourquoi les chats ronronnent-ils ?

Les chats ronronnent pour diverses raisons, notamment pour communiquer leur contentement, pour s'apaiser et pour créer des liens avec leurs propriétaires ou d'autres chats. L'acte de ronronner est produit par les vibrations des cordes vocales, qui sont situées dans le larynx du chat, ou boîte vocale. Lorsqu'un chat ronronne, il le fait généralement en expirant, et le mouvement des muscles du larynx produit le son. Les chats peuvent ronronner lorsqu'ils sont contents, détendus ou qu'ils se sentent en sécurité. Ils peuvent également ronronner lorsqu'ils sont caressés ou caressés ou lorsqu'ils allaitent leurs petits. De plus, le ronronnement peut également servir de mécanisme d'auto-apaisement pour les chats, les aidant à se calmer et à se détendre dans des situations stressantes ou inconnues. Ils peuvent également ronronner pour renforcer leur lien avec leurs propriétaires ou d'autres compagnons félins. Le ronronnement favorise une connexion intime et peut servir d'expression d'affection ou de moyen d'attirer l'attention de leurs soignants humains ou d'autres chats.

20. Pourquoi les chiens ont-ils le nez mouillé ?

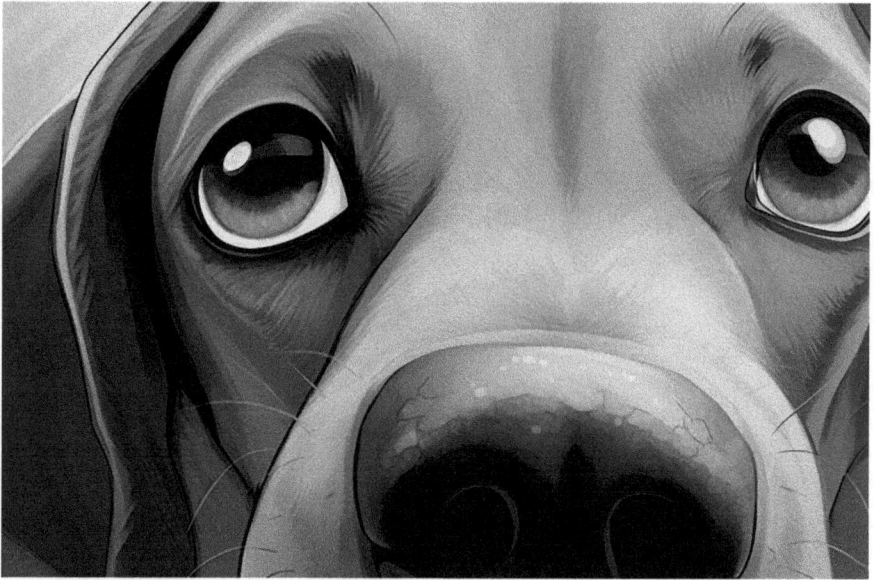

Les chiens ont le nez mouillé pour plusieurs raisons, notamment pour garder leurs narines humides, pour réguler leur température corporelle et améliorer leur odorat. Tout d'abord, l'humidité sur le nez d'un chien aide à garder les narines humides, ce qui est vital pour maintenir une fonction respiratoire saine. Les narines peuvent devenir sèches et irritées si elles ne sont pas maintenues humides, ce qui peut rendre la respiration difficile pour un chien et peut entraîner d'autres problèmes respiratoires. Deuxièmement, l'humidité sur le nez d'un chien aide à réguler sa température corporelle. Les chiens ne transpirent pas à travers leur peau de la même manière que les humains, ils s'appuient donc sur d'autres méthodes pour réguler leur température corporelle, telles que le halètement et le refroidissement par évaporation. L'humidité sur leur nez aide à dissiper la chaleur et à détendre le corps, ce qui est particulièrement important par temps chaud ou lors d'activités intenses. Enfin, l'humidité sur le nez d'un chien peut aider à améliorer son odorat. La surface humide du nez permet de piéger et de dissoudre les molécules odorantes, que les récepteurs olfactifs peuvent ensuite détecter dans le nez. Un nez sec peut être moins efficace pour détecter les odeurs, donc les chiens ayant un nez sec pourraient avoir un odorat plus faible.

Le saviez-vous ?

- Les manchots mâles demandent souvent à leurs partenaires en mariage avec des cailloux.
- Les paresseux peuvent retenir leur respiration jusqu'à quarante minutes sous l'eau.
- Les mouettes mâles offrent de la nourriture aux femelles pour les séduire.
- Les crocodiles ne peuvent pas tirer la langue.
- Les perroquets peuvent apprendre et utiliser des mots et des phrases humains.
- Les furets femelles peuvent mourir si elles ne s'accouplent pas lorsqu'elles sont en chaleur.
- Les hiboux peuvent tourner leur tête jusqu'à 270 degrés.
- Les suricates montent la garde à tour de rôle pour surveiller les prédateurs.
- Les manchots mâles se blottissent les uns contre les autres pour incuber leurs œufs dans le froid rude de l'Antarctique.

21. Pourquoi les taureaux chargent-ils la couleur rouge ?

L'histoire dépeint les taureaux comme des animaux irréfléchis qui ont une haine particulière envers la couleur rouge. Cependant, cette représentation est fausse. Les taureaux ne chargent pas à la couleur rouge. En fait, les taureaux sont incapables de voir la couleur, y compris le rouge. En réalité, les taureaux sont attirés par les mouvements des capes et des objets en mouvement similaire. Tous les mouvements ont la capacité d'attirer l'attention d'un taureau, et avec des taureaux pleins de testostérone, ces mouvements peuvent facilement les mettre en position défensive. C'est ainsi que les matadors ont historiquement pu faire charger les taureaux pour qu'ils puissent les combattre en spectacle. Récemment, la pratique est passée de mode et est maintenant considérée comme cruelle dans la plupart des pays. En général, les taureaux sont attirés par le mouvement parce que c'est ainsi qu'ils se protègent et protègent le reste du troupeau. En attaquant les menaces avant que les menaces ne puissent attaquer, des blessures et des morts peuvent être évitées.

22. Un poisson-globe peut-il vous tuer si vous le mangez ?

Oui, il est vrai que certaines espèces de poissons-globes contiennent une toxine puissante appelée tétrodotoxine, qui peut être mortelle si elle est ingérée en quantité suffisante. La tétrodotoxine est une neurotoxine puissante qui peut provoquer une paralysie et une insuffisance respiratoire, entraînant la mort en quelques heures dans les cas graves. Le poisson-globe est considéré comme un mets délicat dans certaines cultures, comme au Japon, où il est connu sous le nom de « fugu. » Cependant, sa préparation et son service nécessitent une formation et une certification spéciales en raison du risque d'empoisonnement à la tétrodotoxine. Les chefs doivent suivre des années de formation et passer un examen rigoureux pour obtenir une licence pour préparer et servir le fugu. Si vous n'êtes pas correctement formé à la préparation et au service du poisson-globe, il est fortement recommandé d'éviter d'en manger, car le risque d'empoisonnement est élevé. Il est important de noter que toutes les espèces de poissons-globes ne contiennent pas de tétrodotoxine, et certaines cultures ont mis au point des méthodes pour préparer et servir certaines espèces de poissons-globes en toute sécurité. Cependant, il est toujours préférable d'être prudent et d'éviter de le consommer à moins d'être certain qu'il a été préparé correctement par un professionnel formé et agréé.

23. Pourquoi les chiens se reniflent-ils le derrière ?

Les chiens ont un odorat très développé qu'ils utilisent pour recueillir des informations sur leur environnement et les autres animaux. Lorsque les chiens se reniflent les fesses, ils collectent en fait des informations sur l'identité, la santé et l'état émotionnel de l'autre chien. Les chiens ont une glande située près de leur anus qui produit une odeur unique qui est spécifique à chaque chien. Lorsqu'un chien renifle le derrière d'un autre chien, il est capable de détecter cette odeur et de glaner des informations sur l'identité de l'autre chien, y compris des détails tels que son âge, son sexe et son état de santé général. En plus d'identifier les autres chiens, renifler les fesses des autres peut servir de moyen pour les chiens d'acquérir des informations sur les états émotionnels de l'autre. Les chiens peuvent capter des signaux chimiques dans l'odeur qui indiquent si l'autre chien se sent anxieux, craintif ou détendu, ce qui peut les aider à communiquer et à interagir plus efficacement les uns avec les autres. Bien que les humains puissent trouver désagréable le comportement des chiens qui se reniflent les fesses, il s'agit d'un comportement tout à fait normal et naturel pour les chiens, et c'est une partie importante de leur sociabilité et communication.

24. Pourquoi les wombats font-ils des excréments en cubes ?

Les wombats sont uniques parmi les mammifères dans le sens où ils produisent des excréments en forme de cube. Cela est dû à leur système digestif spécialisé et à la nature de leur alimentation. Les wombats sont herbivores et se nourrissent principalement d'herbes, de racines et d'écorces coriaces et fibreuses. Pour aider à décomposer ces matériaux résistants, leur système digestif comporte un intestin long et compliqué avec de multiples compartiments. Au fur et à mesure que les aliments se déplacent dans ces compartiments, ils sont progressivement décomposés et compactés en petits granulés secs. La forme unique des excréments de wombat est due à la dernière étape de la digestion, qui a lieu dans la dernière section de l'intestin. Cette section est plus rigide que les autres parties, et au fur et à mesure que les matières fécales se forment, elles sont comprimées et moulées en forme de cube. Cela permet aux wombats d'extraire autant d'humidité que possible de leurs excréments, ce qui est important dans les régions arides d'Australie, où ils vivent. La forme cubique des excréments de wombat peut également avoir d'autres avantages, comme permettre aux excréments de s'empiler proprement et de ne pas rouler, ce qui peut aider à marquer leur territoire et à communiquer avec d'autres wombats. Dans l'ensemble, bien que les excréments en forme de cube des wombats puissent sembler inhabituels, il s'agit d'une adaptation qui aide ces animaux à survivre dans leur environnement unique.

25. Pourquoi les huîtres font-elles des perles ?

Les huîtres produisent des perles comme mécanisme de défense contre les irritants tels que les parasites, le sable ou d'autres corps étrangers qui peuvent pénétrer dans leur coquille. Lorsqu'un irritant se retrouve coincé entre la coquille de l'huître et son manteau, l'huître réagit en sécrétant des couches d'une substance appelée nacre, autour de l'irritant, pour se protéger. Au fil du temps, au fur et à mesure que les couches de nacre continuent de s'accumuler, elles forment une perle. Le processus de formation de la perle peut prendre plusieurs années, et la taille et la forme de la perle dépendront de la taille et de la forme de l'irritant d'origine, ainsi que d'autres facteurs tels que la génétique et l'environnement de l'huître. Alors que les perles sont le plus souvent associées aux huîtres, d'autres mollusques tels que les moules et les palourdes peuvent également produire des perles en réponse à des irritants. Cependant, les perles provenant de ces autres sources sont moins couramment utilisées en bijouterie. Aujourd'hui, les perles sont très appréciées pour leur beauté et leur rareté, et la perliculture est devenue une industrie importante dans de nombreux pays du monde.

Néanmoins, les perles naturelles, qui se forment sans intervention humaine, sont assez rares et peuvent valoir très cher.

26. Pourquoi les crabes marchent-ils de côté ?

Les crabes marchent latéralement en raison de leur structure corporelle unique et de la façon dont leurs pattes sont attachées à leur corps. Les pattes d'un crabe sont attachées sur le côté de son corps, plutôt qu'en dessous comme la plupart des autres animaux, ce qui lui permet de se déplacer latéralement avec facilité. Lorsqu'un crabe marche, il déplace ses pattes avant sur le côté, puis tire son corps vers l'avant, puis répète le mouvement avec ses pattes arrière. Ce mouvement latéral est un moyen efficace pour les crabes de se déplacer sur le fond de l'océan ou sur d'autres surfaces, car il leur permet de manœuvrer facilement autour des obstacles et des prédateurs. En plus de leur marche latérale, les crabes sont également capables de se déplacer rapidement dans n'importe quelle direction en utilisant leurs puissantes pattes arrière pour se propulser vers l'avant ou vers l'arrière. Dans l'ensemble, la structure corporelle unique et les schémas de mouvement des crabes ont évolué pour les aider à survivre dans leur environnement, leur permettant de remplir leurs rôles écologiques de charognards, de prédateurs et de proies.

27. Les vaches peuvent-elles marcher à reculons ?

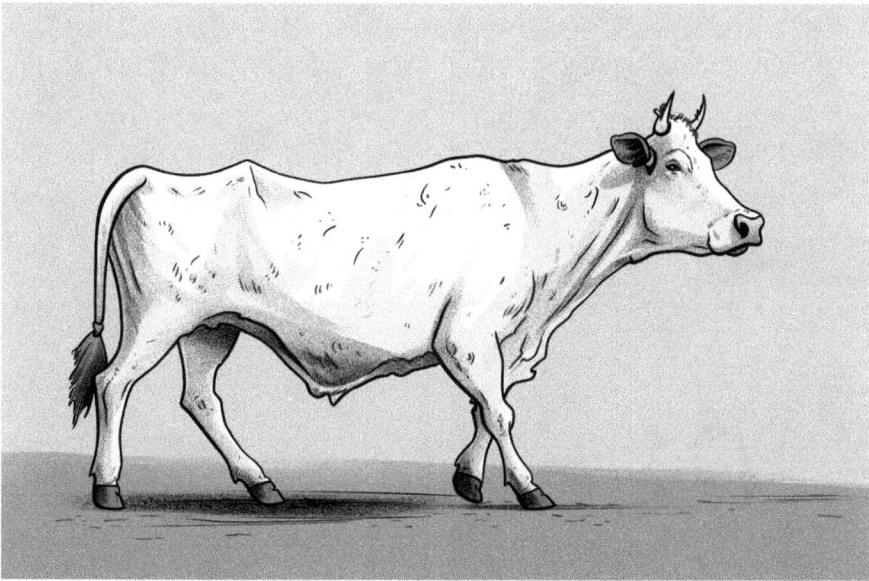

Bien que les vaches soient physiquement capables de marcher à reculons, elles ne le font pas fréquemment et peuvent trouver difficile ou inconfortable de le faire. Cela est dû à une combinaison de facteurs liés à leur physiologie et à leur comportement. L'une des raisons pour lesquelles les vaches peuvent éviter de marcher à reculons est qu'elles ont un corps grand et lourd avec une tête relativement petite et un cou court. C'est donc difficile de voir où elles vont lorsqu'elles marchent à reculons, et cela peut aussi rendre l'équilibre et la coordination de leurs mouvements plus difficiles. En plus de leurs limitations physiques, les vaches sont également des animaux grégaires qui s'appuient sur des repères visuels et des interactions sociales avec d'autres vaches pour naviguer dans leur environnement. Marcher à reculons peut perturber ces signaux sociaux, et rendre le maintien de leur position dans le troupeau ou la communication avec les autres vaches plus difficile. En général, bien que les vaches ne soient pas incapables de marcher à reculons, elles peuvent le trouver inconfortable ou gênant, et n'y ont généralement recours que dans des situations cruciales pour leur survie ou leur bien-être.

28. Pourquoi les chiens se frottent-ils les fesses sur le tapis ?

La plupart des propriétaires de chiens ont eu des moments où ils se retournent pour voir leur précieux chiot frotter leurs fesses au sol ou du tapis. Bien que cela puisse sembler drôle, cette action a souvent un but important. Les chiens frottent leur fesses au sol afin de soulager l'irritation ou la douleur dans leur derrière. Cette irritation peut être due à diverses raisons, mais la plus courante est d'avoir des glandes anales affectées. Ces glandes sont une sorte d'étiquette d'identification pour les chiens, donnant à chacun une odeur unique que les autres chiens peuvent reconnaître. C'est aussi pourquoi les chiens reniflent les fesses des autres lorsqu'ils se rencontrent. De plus, les chiens peuvent également extraire une petite quantité de liquide à partir de ces glandes pour marquer leur territoire et réclamer des objets. Habituellement, les glandes se soulagent d'elles-mêmes lorsque le chien utilise les toilettes. Cependant, certains chiens ont des problèmes avec ce processus et les glandes se remplissent de liquide. Lorsque cela se produit, un chien frottera ses fesses contre le sol pour tenter d'obtenir un soulagement. Une façon d'arrêter ce comportement est de demander à un vétérinaire ou à un toiletteur de libérer l'accumulation de liquide dans les glandes. Alternativement, si vous êtes assez courageux, vous pourriez apprendre à le faire vous-même.

29. Pourquoi les geckos se lèchent-ils les yeux ?

Les émissions de télévision montrent les geckos comme des lézards aux yeux écarquillés qui se lèchent obsessionnellement les yeux. Peut-être avez-vous même vu des geckos se lécher les yeux dans la vie réelle lorsqu'ils explorent à l'extérieur. Beaucoup de gens trouvent ce comportement drôle, mais les geckos ont une excellente raison de se lécher les yeux. Les geckos n'ont pas de paupières, mais comme les humains, les geckos ont besoin de garder leurs yeux humides afin d'avoir une vision claire. Ces reptiles chassent principalement en utilisant leur sens de la vue, ce qui nécessite une bonne vision. De plus, les geckos doivent également utiliser leur sens de la vue pour rester à l'abri des prédateurs, étant donné que de nombreux gros animaux mangent des geckos. Ils doivent se lécher les yeux pour les garder humides, ainsi que pour enlever les débris et les irritants. Ainsi, afin de lutter contre la sécheresse causée par le manque de paupières et de prévenir les problèmes de vision, les geckos doivent se lécher les yeux régulièrement.

30. Pourquoi les chats utilisent-ils un bac à litière ?

Depuis que les chats sont devenus des animaux domestiques, de nombreux non-propriétaires de chats ont été dégoûtés à l'idée d'avoir un bac à litière dans leur maison. Beaucoup se demandent pourquoi les chats ne peuvent pas simplement aller aux toilettes à l'extérieur comme le font la plupart des chiens. Alors que certains chats préfèrent sortir pour se soulager, la plupart n'iront aux toilettes que dans une litière. En effet, contrairement aux chiens, les chats ont l'instinct d'enterrer leurs déchets afin de cacher leur odeur des prédateurs. Historiquement, les chats sauvages avaient souvent accès au sable ou à la terre. Cela leur a permis de faire leurs besoins à l'extérieur et de couvrir leurs déchets afin de cacher leurs traces. La domestication du chat a changé l'environnement. Les chats d'extérieur n'ont plus toujours accès à la terre ou au sable. Les chats d'intérieur, en revanche, ne peuvent pas couvrir efficacement leurs déchets s'ils sont forcés à faire leurs besoins sur du papier journal. Cela forcerait les chats à faire leurs besoins sur des produits leur permettant de couvrir leurs déchets, tels que des vêtements ou des couvertures. Fournir un bac à litière leur donne un endroit plus attrayant pour faire leurs besoins qui leur permet de couvrir leurs déchets par la suite. Les litières modernes couvrent les odeurs afin que la litière régulièrement nettoyée ne produise pas une odeur désagréable dans le foyer. Vraiment, les chats et les humains sont plus heureux quand il y a des bacs à litière propres et disponibles à utiliser.

Le saviez-vous ?

- L'Aye-Aye, une espèce de lémuriens, a un majeur allongé et osseux utilisé pour taper sur les arbres, pour trouver des insectes.
- La panope, un type de palourde, a l'une des plus longues espérances de vie de tous les animaux, jusqu'à 100 ans.
- La longue défense du narval est en fait une dent qui peut atteindre jusqu'à dix pieds (trois mètres) de long.
- La pieuvre mimétique peut imiter l'apparence et les mouvements d'autres créatures marines.
- Le Fou à Pieds Bleus tire son nom de ses pattes bleu vif, qui sont utilisées pour séduire.

31. Pourquoi les bernard-l'ermite changent-ils leur coquille ?

De nombreux propriétaires de bernard-l'ermite ont l'expérience d'acheter un bernard-l'ermite dans une coquille et de le voir passer rapidement à une autre coquille après son arrivée à la maison. Il y a une très bonne raison pour laquelle cela se produit. Les bernard-l'ermite continuent de croître au fil du temps. Les coquilles dans lesquelles ils se trouvent, cependant, ne vivent pas et ne grandissent pas avec eux. Les animaleries créent souvent des récipients pour leurs crabes qui sont censés être temporaires. Ils incluent rarement des coquilles supplémentaires, ce qui signifie que si un crabe grandit pendant qu'il est là, il peut être coincé dans une coquille devenue trop petite pour eux. Dans la nature, les bernard-l'ermite changent régulièrement de coquille. On peut souvent les voir essayer plusieurs coquilles avant d'en choisir une pour y vivre. C'est pourquoi il est important de garder une variété de coquilles vides là où le crabe vit si vous possédez un bernard-l'ermite.

32. Pourquoi les poissons flottent-ils à l'envers lorsqu'ils meurent ?

La plupart des propriétaires de poissons remarqueront soudainement qu'un membre de leur aquarium est décédé et flotte maintenant à l'envers à la surface de l'aquarium. La raison est l'anatomie des poissons et le processus de décomposition. Les poissons sont principalement constitués de matériaux mous. Lorsqu'ils se décomposent, les matériaux mous produisent beaucoup de gaz, ce qui les amène à flotter dans l'eau. De plus, beaucoup de poissons sont naturellement lourds et la seule chose qui les maintient correctement alignés de leur vivant est leur vessie natatoire. Il s'agit d'un organe situé au bas de leur corps qui régule leur flottaison. Lorsqu'ils sont vivants, cela donne aux poissons la capacité de contrôler leur flottaison dans l'eau. Une fois qu'ils meurent, cet organe cesse de fonctionner correctement. Parfois, cet organe fonctionne mal pendant que le poisson est encore en vie, le forçant à flotter et à nager à l'envers. Si cela se produit, certains changements de régime alimentaire, des changements environnementaux et des antibiotiques peuvent aider à rétablir le fonctionnement normal de votre poisson.

33. Pourquoi les chats miaulent-ils ?

Certaines personnes supposent que les chats miaulent pour communiquer entre eux. En réalité, ce n'est pas le cas. Les chats ne communiquent pas entre eux en miaulant, mais communiquent plutôt par un mélange de communication non verbale et verbale telle que des sifflements et des grognements. Le miaulement, cependant, n'est produit que dans deux cas. Le seul moment où les chats miaulent entre eux, c'est lorsque les chatons essaient de communiquer avec leur mère que quelque chose ne va pas, comme avoir froid ou avoir peur. A part cela, les chats ne miaulent qu'envers les humains. Certains scientifiques pensent que c'est parce que les chats tentent d'imiter la façon dont les enfants humains sonnent. Ils croient que c'est le résultat de la domestication. Les anciens chats ont vu comment les humains réagissaient à leurs bébés quand ils pleuraient et ont appris à miauler afin de susciter une réponse similaire. Au fil du temps, cette pratique est devenue encodée dans le comportement du chat. D'autres croient que les chats ont appris cela par essais et erreurs. Les humains n'étant pas capables de comprendre leur méthode initiale de communication, les chats ont donc essayé différents sons pour voir ce à quoi les humains réagissaient. Quand ils ont réalisé que les humains réagissaient au miaulement, ils ont continué à le faire jusqu'à ce que cela devienne un comportement commun. En fin de compte, nous ne sommes pas sûrs de l'origine et de la raison pour laquelle les chats miaulent. Nous savons cependant qu'il est utilisé pour attirer l'attention des humains.

34. Pourquoi les hamsters s'enfouissent-ils dans la literie ?

La plupart des propriétaires de hamsters auront des moments où ils ne trouveront soudainement plus leur petit ami poilu dans sa cage. Souvent, ils le localisent plus tard sous des objets ou enfoui dans leur literie. C'est parce que les hamsters sauvages sont des fouisseurs naturels. Dans la nature, les hamsters créent de grands terriers et tunnels afin de se protéger et pour créer un environnement propice au sommeil et au stockage. Les hamsters ont un faible sens de la vue, ce qui signifie que pour rester à l'abri des prédateurs, ils doivent se cacher car ils ne peuvent pas compter sur leur vision pour les aider. De plus, les terriers créent le niveau de chaleur nécessaire qui maintient les hamsters à l'aise. Des études ont également montré que les hamsters trouvent l'activité amusante et le feront même lorsqu'elle est complètement inutile. Certains hamsters ressentent le besoin de le faire plus que d'autres. Vous remarquerez peut-être que votre poilu creuse constamment des tunnels ou ne le fait que pour stocker de la nourriture. Quoi qu'il en soit, il est important de fournir beaucoup de litière à votre hamster afin qu'il ait la possibilité de creuser s'il le souhaite.

35. Pourquoi les papillons de nuit sont-ils attirés par la lumière ?

Les papillons de nuit sont notoirement attirés par les lumières, un comportement connu sous le nom de phototaxie. On pense que cette attraction étonnante est due à l'utilisation évolutive de la lumière naturelle par les papillons de nuit, comme la lune, pour leur navigation. En volant à un angle constant par rapport à une source de lumière céleste, les papillons de nuit peuvent se déplacer en ligne droite. Cependant, les lumières artificielles perturbent ce système. Comme elles sont beaucoup plus proches que la lune, elles font tourner les papillons de nuit autour d'elles, sans cesse. Certains scientifiques pensent également que la lumière ultraviolette provenant de sources artificielles imite les motifs UV des fleurs, que les papillons de nuit associent à la nourriture. Ce cas d'erreur d'identité les emmène plutôt vers les ampoules. L'étude de ce phénomène est cruciale, car elle peut éclairer les efforts de conservation visant à minimiser les impacts négatifs de l'éclairage artificiel sur les populations de papillons de nuit.

36. Pourquoi les chiens tournent-ils en rond avant de se coucher ?

Les chiens tournent en rond avant de s'allonger pour diverses raisons, notamment la création d'une zone de couchage confortable et sécurisée, l'alignement de leur corps avec la direction du champ magnétique terrestre et l'établissement d'une routine. Les chiens peuvent tourner en rond avant de s'allonger pour créer un espace de couchage confortable et sûr. En marchant en rond, ils peuvent aplatir l'herbe ou d'autres végétaux et créer une surface lisse sur laquelle s'allonger. Cela peut les aider à se sentir plus en sécurité et à l'aise pendant qu'ils dorment, surtout s'ils sont à l'extérieur ou dans un nouvel environnement. Une autre raison de le faire est d'aligner leur corps avec la direction du champ magnétique terrestre. Certaines recherches ont suggéré que les chiens et d'autres animaux peuvent ressentir le champ magnétique terrestre et l'utiliser pour s'orienter dans leur environnement. En tournant en rond, les chiens peuvent aligner leur corps avec la direction du champ magnétique, ce qui peut les aider à se sentir plus en sécurité et à l'aise pendant qu'ils dorment. Enfin, les chiens peuvent tourner en rond avant de s'allonger afin d'établir un sentiment de routine et de familiarité. Ce comportement peut instiller la prévisibilité et le confort, contribuant ainsi à leur sentiment général de sécurité.

37. Pourquoi les chinchillas ont-ils besoin de bains de poussière ?

Certains animaux de compagnie ont besoin de plus de soins de toilette que d'autres, et certains ont des routines d'hygiène étranges. L'une des routines d'hygiène les plus inhabituelles est connue sous le nom de bain de poussière. Les chinchillas sont des animaux de compagnie qui ne peuvent pas prendre de bains réguliers parce que leur fourrure contient beaucoup d'humidité. En fait, c'est cet excès d'humidité qui pousse les chinchillas à avoir besoin de bains de poussière. Les bains de poussière aident à éliminer une partie de l'excès d'huile et d'humidité de leur fourrure. Sans ces bains, leur pelage deviendrait trop humide et pourrait entraîner des infections fongiques et d'autres maladies. C'est aussi pourquoi les chinchillas de compagnie ne peuvent pas rester mouillés, car cela rendrait les bains de poussière moins efficaces et entraînerait des maladies. Malgré cette étrange façon de se laver, les chinchillas sont des animaux de compagnie relativement propres. Les bains de poussière aident à éliminer la saleté, l'humidité et d'autres substances.

38. Pourquoi les serpents tirent-ils la langue ?

Certaines personnes trouvent les serpents effrayants, surtout lorsque les reptiles commencent à tirer la langue. Il est courant de voir des serpents se faufiler, leurs langues entrant et sortant de leur bouche. Il y a cependant une bonne raison à ce comportement. Les serpents ont une mauvaise vue et un mauvais sens de l'ouïe. Ils compensent cela en utilisant un sens spécial qui est similaire aux sens de l'odorat et du goût. Les serpents ont un organe spécial dans le haut de leur bouche appelé organe de Jacobson. Cet organe aide à traiter divers produits chimiques et composés de l'air pour donner au serpent des informations sur son environnement. Les serpents font entrer et sortir leur langue de leur bouche afin d'attraper ces minuscules particules sur leur langue, ce qui les fait coller là et se font dissoudre dans leur salive. Ils utilisent ensuite leur langue pour amener les particules à l'organe de Jacobson, où ils peuvent traiter l'information et en apprendre davantage sur ce qui se passe autour d'eux.

39. Pourquoi les chats sifflent-ils ?

On dit que les chats sifflent pour exprimer qu'ils ne sont pas contents. Les chats font ce bruit en libérant une courte poussée d'air par la bouche tout en montrant leurs dents et en aplatissant leurs oreilles. Il y a plusieurs raisons pour lesquelles les chats peuvent faire ce bruit. Habituellement, c'est la première tentative d'avertir quelqu'un ou quelque chose que ce qui se passe n'est pas apprécié. C'est une façon pour un chat d'exprimer qu'il pourrait attaquer si l'action désagréable continue. Cependant, ce n'est pas toujours le cas. Parfois, les chats sifflent parce qu'ils n'ont pas d'autre moyen d'exprimer ce qu'ils ressentent. Cela se produit parfois lorsque les chats souffrent ou sont stressés. Cela pourrait être un avertissement qu'ils vont attaquer, ou cela pourrait simplement être une communication de leur malaise. Les chats sifflent parfois entre eux pour exprimer qu'ils n'aiment pas quelque chose qu'un autre chat fait. Dans certains cas, comme le jeu brutal, cela peut être un indicateur simple pour l'autre chat qu'il devrait se calmer un peu. Les chats peuvent aussi siffler s'ils sont agacés. Cela ne signifie pas qu'ils vont mordre ou agresser, mais c'est juste une façon de dire qu'ils en ont assez de tout ce que vous faites. Si un chat siffle, il faut tenir compte de l'histoire générale et du tempérament du chat pour déterminer la cause probable. Si un chat siffle excessivement, il est peut-être temps de l'emmener chez le vétérinaire pour exclure tout problème de santé.

40. Pourquoi les poissons dorment-ils les yeux ouverts ?

L'une des plus grandes surprises des nouveaux propriétaires de poissons c'est lorsqu'ils voient leurs poissons dormir pour la première fois est que les yeux de leurs poissons sont grands ouverts. La vérité est que les poissons ne dorment pas les yeux ouverts. En fait, ils n'ont pas de paupières du tout. Contrairement aux humains et aux autres animaux terrestres, les poissons n'ont pas vraiment besoin de paupières. Ils sont dans l'eau, ce qui aide à réguler le niveau d'humidité de leurs yeux, et ce qui nécessite moins de protection contre le soleil. Il y a quelques espèces de poissons qui ont des paupières, comme les requins, mais ceux-ci sont minoritaires. De plus, les poissons ne dorment pas comme les humains. Certaines parties de leur cerveau entrent dans une période de repos - qui peut ressembler à des périodes de calme ou de léthargie chez certains poissons. D'autres poissons, cependant, continuent à se déplacer pendant ces périodes de repos, car leur capacité à filtrer l'oxygène de l'eau dépend de leur mouvement. Ainsi, les poissons ne dorment pas les yeux ouverts, c'est uniquement parce qu'ils n'ont pas de paupières et qu'ils ne dorment techniquement pas du tout.

Le saviez-vous ?

- Les hippocampes mâles donnent naissance à leurs petits.
- Les baudroies mâles fusionnent avec les femelles, devenant des parasites qui fournissent du sperm.
- Le crapaud du Surinam transporte ses œufs sur son dos, dans des poches de peau.
- Les manchots mâles couvent des œufs sur leurs pattes, à jeun, pendant deux mois.
- Les tortues femelles retournent sur la même plage où elles sont nées pour pondre leurs œufs.
- Les poissons-clowns mâles changent de sexe pour devenir des femelles lorsque la femelle dominante meurt.

41. Pourquoi seuls les lions mâles poussent-ils une crinière ?

Les lions sont de grands chats prédateurs que l'on trouve principalement dans les plaines ouvertes d'Afrique - et souvent aussi dans les zoos du monde entier. Ces créatures sont connues pour être féroces et majestueuses, l'une des caractéristiques déterminantes de l'espèce étant la crinière glorieuse qui pousse à partir du cou des lions mâles adultes. Cependant, de nombreuses personnes se demandent pourquoi seuls les lions mâles développent des crinières. Les lions mâles développent une crinière en raison de la production de testostérone, une hormone dans le corps qui manque naturellement aux lions femelles. Parfois, les lionnes qui ont un déséquilibre hormonal développent également une crinière en raison d'un excès de testostérone, bien que cela soit rare. Les lions mâles bénéficient d'une crinière car cela leur permet de paraître plus gros en vieillissant, ce qui peut aider à effrayer la concurrence. Lorsque cela ne fonctionne pas, les crinières agissent également comme protection lorsque les lions mâles se battent pour la domination. Cela empêche les mâles de se blesser dangereusement les uns les autres.

42. Pourquoi les anguilles électriques produisent-elles de l'électricité ?

Les anguilles sont un type de poisson aux formes étranges que l'on trouve dans l'océan. Avec des corps semblables à des serpents, elles sont souvent longues et ont des dents et des mâchoires redoutables. Cependant, certaines anguilles ont aussi un trait spécial qui peut parfois sembler incroyable. Les anguilles électriques sont un type d'anguille qui peut naturellement produire de l'électricité dans leur corps et utiliser cette électricité pour choquer d'autres créatures. Cela est dû au fait que le corps des anguilles contient des cellules spéciales appelées électrocytes. Ces cellules sont contrôlées par le système nerveux de l'anguille. Lorsque l'anguille détecte une proie ou une menace, elle envoie un signal aux cellules pour qu'elles s'activent. Chaque cellule ne produit qu'une petite quantité d'électricité, mais lorsqu'elles sont jumelées, l'effet se développe. Cela permet aux anguilles de donner des chocs désagréables aux proies et aux prédateurs. Ces anguilles peuvent produire jusqu'à 600 volts d'électricité, assez pour tuer un humain ! Mais ne craignez pas ! Il y a très peu de cas d'anguilles électriques qui ont attaqué des humains.

43. Pourquoi les méduses piquent-elles ?

Les méduses sont des créatures marines uniques qui se déplacent avec les courants, incapables de faire des mouvements drastiques par elles-mêmes. Cependant, bien que ces créatures semblent dociles, elles sont en fait capables de causer une grande douleur aux humains et aux animaux qui les touchent. Les méduses sont capables de piquer, et elles le font en utilisant des pointes microscopiques à l'intérieur de leurs tentacules appelées nématocystes. Lorsqu'elles sentent un mouvement, les pointes se déploient et libèrent du venin dans tout ce qui a touché la méduse. Certaines méduses produisent un venin léger qui ne provoque que des douleurs et des démangeaisons mineures. D'autres produisent du venin qui peut être mortel pour les humains adultes. Cependant, les méduses ne piquent pas pour nuire aux gens. Elles utilisent principalement cette capacité pour chasser. Les piqûres paralysent les petites proies, permettant aux méduses de les attraper malgré leurs mouvements lents. De plus, les piqûres aident à éloigner les prédateurs qui veulent manger de la méduse. Tous les humains qui se font piquer sont simplement des accidents malheureux.

44. Pourquoi les abeilles fabriquent-elles du miel ?

Le miel est une friandise délicieuse dans le monde humain ainsi que dans le monde des abeilles. Le liquide sucré est souvent utilisé dans les produits de petit-déjeuner, les desserts et dans les sauces du monde entier. Alors que les humains aiment le miel pour sa saveur, les abeilles l'aiment pour une raison différente. Le miel est créé lorsque les abeilles mangent du nectar et le digèrent dans un organe spécial appelé « l'estomac du miel. » Cela décompose le nectar en la substance sucrée connue sous le nom de miel. Les abeilles régurgitent ensuite le miel et le transmettent d'abeille en abeille jusqu'à ce qu'il soit finalement déposé dans un nid d'abeilles. Le miel est créé pour agir comme source de nourriture lorsque le nectar n'est pas disponible, comme pendant les mois froids d'hiver. Si le nectar n'est pas transformé en miel, il se détériorerait avant de pouvoir servir comme nourriture. Ainsi, les abeilles créent du miel pour s'assurer qu'elles auront une source de nourriture durable et les nutriments dont elles ont besoin pour survivre.

45. Pourquoi les baleines chantent-elles ?

Les chants des baleines sont connus dans le monde humain comme un bruit relaxant. Cependant, ils sont beaucoup plus importants pour les baleines qui les chantent. Les baleines chantent pour communiquer entre elles. Dans l'eau, les sens de la vue, de l'odorat et du toucher sont limités. Ainsi, de nombreuses créatures marines s'appuient sur le son comme sens principal. Les baleines sont uniques dans leur communication car elles émettent leurs sons selon des modèles qui peuvent être identifiés et enregistrés. Dans l'ensemble, le but principal du chant des baleines est d'inciter d'autres baleines à s'accoupler. Cependant, les baleines chantent aussi afin de naviguer dans le monde, comme une forme d'écholocation, et généralement afin de communiquer entre elles. Les baleines mères chantent même pour leurs enfants afin de les apaiser. Récemment, les scientifiques ont découvert que parfois les baleines chantent même pour le plaisir. Cependant, pourquoi les humains aiment-ils tant ces chants de baleines ? En réalité, les chants des baleines ont tendance à avoir des compositions similaires à beaucoup de nos chants humains préférés !

46. Pourquoi les punaises puent-elles ?

La punaise marbrée est un insecte capable de produire une odeur dégoûtante. Beaucoup de gens craignent que ces insectes soient dangereux, mais ce n'est pas le cas. La punaise a un organe spécial dans son abdomen qui relâche des produits chimiques lorsqu'il est activé. Ces produits chimiques créent une odeur forte et nauséabonde. La punaise libère alors cette odeur si elle se sent menacée. Les punaises puantes ne peuvent pas pincer, mordre ou piquer. Leur odeur est leur seule défense contre les prédateurs. Beaucoup d'animaux essaient de manger des punaises, mais sont rapidement repoussés par la libération soudaine de leur odeur. Malheureusement pour les humains, le simple fait d'effrayer une punaise puante peut suffire à activer leur système de défense. Les punaises effrayées pulvériseront joyeusement leur odeur à chaque fois qu'elles se sentiront coincées ou menacées, ce qui entraînera de nombreuses fausses alarmes puantes. Parfois, les produits chimiques qui causent l'odeur peuvent causer une irritation de la peau chez les humais, mais dans l'ensemble, l'insecte est inoffensif.

47. Pourquoi les chenilles piquent-elles ?

Beaucoup de gens craignent les chenilles à cause d'histoires sur leurs piqûres douloureuses. Cependant, toutes les chenilles ne piquent pas – et celles qui le font ont une très bonne raison. Les chenilles sont des larves qui finissent par se transformer en papillons ou en papillons de nuit. Lorsqu'ils sont adultes, ces insectes sont capables de s'envoler rapidement loin du danger. En tant que larves, cependant, ils se déplacent très lentement. Ainsi, lorsque les prédateurs attaquent les chenilles, elles sont incapables de s'enfuir. Certaines espèces de chenilles combattent cela en piquant. Ces chenilles produisent du poison dans des sacs spéciaux. Ces sacs sont connectés à des organes pointus, ressemblant à des poils, qui sont attachés au corps des chenilles. Lorsque ces poils sont stimulés, le poison est libéré et la chenille pique. Cela entraîne souvent les prédateurs potentiels à laisser la chenille tranquille. Cela peut même faire recracher les prédateurs lorsque le poison libéré de la chenille est injecté dans leur bouche. Cela permet à la chenille de continuer à vivre afin de se transformer éventuellement en un beau papillon ou un papillon de nuit merveilleux.

48. Pourquoi les mouettes apparaissent-elles loin de la plage ?

Les mouettes se trouvent le plus souvent près de l'océan. Cependant, parfois, les gens remarquent ces oiseaux amoureux de la plage volant dans des endroits éloignés de la mer. Cela peut se produire pour plusieurs raisons. Tout d'abord, les mouettes volent parfois à l'intérieur des terres pour éviter les tempêtes imminentes. Les tempêtes peuvent être extrêmement dangereuses lorsqu'elles touchent la terre donc les mouettes sentent parfois ce danger et fuient pour l'éviter. Ensuite, les mouettes volent parfois pour trouver de meilleurs endroits de nidification. S'il est impossible de trouver des aires de nidification ou du matériel de nidification près du rivage, les mouettes peuvent migrer plus à l'intérieur des terres pour trouver de bons endroits ou pour trouver les matériaux nécessaires. Troisièmement, les mouettes vont parfois à l'intérieur des terres pour trouver de la nourriture. Parfois, la chasse dans l'océan n'aboutit à rien. Les mouettes chercheront donc ailleurs si cela se produit afin d'obtenir de la nourriture. Enfin, les humains peuvent être la cause des mouettes qui volent à l'intérieur des terres. Les humains nourrissent souvent les mouettes ou laissent de savoureux déchets alimentaires là où les oiseaux peuvent les obtenir. Cela attire parfois les mouettes, qui sont des charognards opportunistes, surtout s'il y a un manque de nourriture plus près de l'océan.

49. Pourquoi les corbeaux aiment-ils les choses brillantes ?

Les corbeaux ramassent souvent des bibelots brillants. Cette habitude a déconcerté de nombreux ornithologues au fil des années. Cependant, de nombreux scientifiques affirment que ce n'est pas nécessairement un comportement normal pour un corbeau, mais plutôt un indicateur que le corbeau est jeune. Les jeunes corbeaux sont connus pour être curieux et ramassent souvent des objets qui n'ont aucune valeur réelle pour eux. Ils vont ensuite cacher ces objets ou passer du temps à les picorer afin de les explorer. Les corbeaux adultes n'affichent pas ce même niveau de curiosité et ne prendront pas d'objets brillants. Au lieu de cela, les corbeaux adultes ne ramassent et ne cachent que des aliments. Cependant, parfois, des aliments sont enveloppés dans du papier d'aluminium ou des matériaux similaires, ce qui amène les gens à croire que les corbeaux les ramassent parce qu'ils sont brillants. Ainsi, les corbeaux ramassent des objets brillants pour deux raisons : la curiosité de la jeunesse et parce que parfois les objets brillants contiennent de la nourriture.

50. Pourquoi les coyotes viennent-ils en ville ?

Les coyotes sont un type de chien sauvage qui ressemble aux loups, mais qui est beaucoup plus petit et plus timide. Cependant, ils restent dangereux. Récemment, les coyotes ont commencé à migrer vers les villes. Bien que les coyotes aient généralement peur des humains, ils sont des chasseurs opportunistes et ils peuvent attaquer des animaux de compagnie dans les zones urbaines. Beaucoup de gens se demandent pourquoi ces animaux sont soudainement devenus problématiques. Les scientifiques affirment que cela se produit pour deux raisons : les coyotes sont attirés par notre nourriture et il y a moins de prédateurs dans les zones peuplées. Les poubelles et les bennes à ordures sont d'excellentes sources de nourriture pour les coyotes, les amenant à quitter la nature sauvage afin de se nourrir des déchets alimentaires humains. De plus, certains humains ont commencé à nourrir directement les coyotes, ce qui les amène à considérer les humains comme une source directe de nourriture. Enfin, les coyotes sont plus en sécurité dans les zones urbaines car leurs prédateurs naturels ne peuvent pas les trouver. Avec une abondance de nourriture et sans crainte d'être chassés, les coyotes ont malheureusement commencé à appeler nos villes leur nouvelle maison.

Le saviez-vous ?

- Les anacondas verts femelles sont nettement plus grands que les mâles.
- Les poussins flamants roses naissent d'abord avec des plumes grises et deviennent progressivement roses, au fur et à mesure qu'ils grandissent, grâce à leur régime alimentaire principalement composé de crustacés et d'algues riches en pigments.
- Les furets mâles doivent s'accoupler avec les femelles pour éviter les problèmes de santé.
- Les lézards fouettés femelles peuvent se reproduire sans mâles, par parthénogenèse.
- Un kangourou nouveau-né a environ la taille d'un haricot de Lima et naît prématurément.
- Les abeilles femelles pondent des œufs qui deviennent des abeilles ouvrières, tandis que la reine des abeilles pond des œufs qui deviennent de nouvelles reines.

51. Pourquoi les renards crient-ils ?

Les renards sont des membres de la famille canine qui agissent un peu différemment des autres chiens. Alors que la plupart des chiens domestiques aboient et que la plupart des chiens sauvages hurlent, les renards ne font ni l'un ni l'autre. Au lieu de cela, les renards crient. En fait, les renards crient d'une manière si forte et humaine que leurs sons sont connus pour effrayer les humains qui les entendent, leur faisant croire qu'il s'agit d'un son humain. Aussi effrayant que cela puisse être, les renards ont besoin de pousser ces cris pour communiquer. Ils se parlent avec ces bruits, exprimant un désir de s'accoupler ou une peur du danger. Sans ces bruits, les renards seraient incapables de trouver des partenaires de reproduction et seraient incapables d'avertir les autres renards des menaces potentielles. Ils utilisent également leurs cris pour effrayer les prédateurs lorsqu'ils tentent de défendre leur territoire, ce qui peut les aider à éviter des rencontres dangereuses et violentes. Dans l'ensemble, bien que les cris semblent effrayants, ils servent un objectif important.

52. Pourquoi les lévriers courent-ils ?

Les courses de lévriers étaient autrefois un sport extrêmement populaire. Cependant, récemment, il est passé de mode et n'est souvent fait qu'à un niveau amateur dans le but de s'amuser. À l'origine, les lévriers ne couraient pas, mais participaient à un type de chasse appelé course - quand les chiens utilisent leur sens de la vue pour chasser une proie. Finalement, la chasse à l'aide de lévriers est devenue moins populaire et les gens ont commencé à trouver d'autres utilisations pour le chien. Avec l'invention du lapin mécanique, le sport des courses de lévriers est né. Les chiens sont placés sur une piste ovale et un faux lapin est tiré autour de la piste afin de stimuler les pulsions de proies des chiens. Les chiens poursuivent le lapin et le chien qui franchit la ligne d'arrivée en premier est déclaré vainqueur. Les chiens courent souvent comme ça jusqu'à ce qu'ils vieillissent, puis ils sont mis à la retraite et adoptés par des familles aimantes.

53. Pourquoi certains singes pendent-ils à leur queue ?

Il existe de nombreux types de singes et ils partagent tous des traits différents. Un trait que certains singes ont est la capacité de pendre à leur queue. Les singes qui peuvent faire cela sont appelés « singes du nouveau monde, » et ont quelque chose appelé une queue préhensile. Les queues préhensiles sont capables de saisir les choses et d'agir un peu comme une main. Ainsi, certains animaux utilisent leur queue préhensile pour se suspendre à l'envers. Lorsque les singes font cela, ils comptent sur la capacité de leur queue à saisir la branche comme une main. Ce processus est facilité par une plaque spéciale de peau chauve qui aide les singes à maintenir la friction. Certains singes du nouveau monde n'ont pas cette plaque, mais sont toujours capables de se pendre à leur queue. Ils ne peuvent cependant pas utiliser leur queue pour ramasser des objets comme les singes - avec des plaques chauves - le font. Dans l'ensemble, ces queues spéciales permettent à certains singes de se suspendre aux branches. Ceux qui ne les ont pas ne peuvent pas du tout pendre à leur queue.

54. Pourquoi les paresseux se déplacent-ils si lentement ?

Les paresseux sont connus pour leurs personnalités dociles et leurs mouvements lents. Beaucoup de gens se demandent comment les paresseux parviennent à survivre malgré leur vitesse lente et leur paresse apparente. En réalité, les paresseux comptent sur leur lenteur pour survivre. Les paresseux ne mangent pas d'aliments riches en calories et leur métabolisme est lent. Un paresseux peut prendre toute la journée pour digérer un seul repas ! Cela signifie qu'ils ne peuvent pas se permettre de brûler de grandes quantités d'énergie avec des mouvements excessifs. Ainsi, leurs mouvements lents et la façon dont ils restent immobiles les aident à conserver de l'énergie. De plus, leurs mouvements lents semblent les aider à éviter de faire des erreurs, car ils ont une mauvaise vue et ne peuvent pas traiter rapidement ce qu'ils voient. En se déplaçant lentement, les paresseux restent plus en sécurité et sont capables d'éviter de faire des erreurs telles que marcher dans le champ de vision d'un prédateur. Malgré leur lenteur et leur tendance à rester immobiles, les paresseux prospèrent en tant qu'espèce !

55. Pourquoi les dromadaires ont-ils des bosses ?

La plupart des films qui se déroule dans un paysage désertique contiennent des scènes qui montrent des dromadaires marchant au loin. Ces cdromadaires ont toujours une bosse ou deux bosses sur le dos. Les dromadaires ont des bosses pour de multiples raisons. La première raison pour laquelle les dromadaires ont des bosses est pour le stockage graisse dédié à une utilisation ultérieure. Les bosses agissent comme des réserves d'énergie lorsque la nourriture se fait rare. Plus le dromadaire est en bonne santé, plus les bosses seront pleines. De plus, les bosses des dromadaires stockent également de l'eau, qui peut parfois devenir rare dans l'environnement désertique. Ce stockage d'eau permet aux dromadaires de rester sans eau pendant de plus longues périodes de temps sans se déshydrater. Enfin, les bosses des dromadaires les aident à réguler leur température. La graisse les isole et les protège contre les températures extrêmes. Ainsi, les bosses des dromadaires aident à prévenir la déshydratation, la famine et la surchauffe. Sans elles, les dromadaires seraient probablement incapables de survivre dans l'environnement hostile auquel ils sont habitués.

56. Pourquoi les girafes ont-elles de longs cous ?

Les girafes sont connues pour avoir le cou le plus long du monde animal. Les scientifiques ont d'abord été perplexes par la longueur du cou de l'animal, mais ont finalement pu déterminer deux raisons pour lesquelles les girafes ont besoin de ces longs appendices. Tout d'abord, les girafes ont évolué pour avoir un cou plus long afin de rivaliser avec d'autres espèces. Plus précisément, à l'époque, les herbivores (animaux mangeurs de plantes) avaient des problèmes de compétition. Il n'y avait pas assez de matière végétale pour tout le monde. Les girafes ont développé leur long cou afin d'atteindre les matières végétales plus élevées et d'assurer leur survie. De plus, les scientifiques ont récemment découvert que leur long cou joue un rôle dans la gestion des conflits. Les girafes se battent apparemment en claquant leurs longs cous les uns contre les autres ! C'est ainsi qu'ils rivalisent les uns avec les autres pour les accouplements ! Ainsi, bien que les girafes puissent sembler stupides avec leur long cou, cela leur donne un avantage sur les autres herbivores et sur les autres girafes.

57. Pourquoi les chiens mendient pour la nourriture de table ?

Les chiens sont connus pour être les meilleurs amis de l'homme et, comme l'homme, ils aiment la nourriture. Les maîtres d'animaux de compagnie doivent souvent faire face à des chiots excités qui mendient à table chaque dîner ou qui regardent nerveusement les sandwichs pendant le déjeuner, même si la nourriture qu'ils veulent n'est pas bonne pour eux. Pourquoi les chiens font-ils cela ? Comme les humains, les chiens apprécient le goût de certains aliments, mais n'ont pas non plus la capacité de comprendre que certains types d'aliments sont mauvais pour eux. Ainsi, tout ce qui sent délicieux pour un chien l'incitera à mendier. Certains chiens le font en essayant de se rapprocher de la nourriture pour voler un peu. D'autres pleurnichent. Certains regardent et bavent simplement. C'est parce que les chiens vont souvent mendier et se faire récompenser par leurs maîtres sans le savoir. Par exemple, un chien qui reçoit de la nourriture parce qu'il est mignon peut faire des « yeux de chiot » à ses maîtres s'il veut une bouchée de leur hamburger. Ainsi, les chiens mendient parce qu'ils aiment la nourriture humaine, mais ils mendient de différentes manières en fonction de ce qui leur a permis d'obtenir de la nourriture dans le passé.

58. Pourquoi les opossums s'évanouissent-ils quand ils ont peur ?

Les opossums sont des marsupiaux qui ont un talent unique : s'évanouir quand ils ont peur. Bien que beaucoup de gens supposent que les opossums font simplement semblant de dormir, ce n'est pas le cas. Les opossums tombent effectivement dans un état où ils ne peuvent pas bouger ou agir quand ils ont peur. Leurs corps deviennent mous et ils libèrent parfois tous les déchets de leur corps sous forme d'urine ou de selles. Ils respirent lentement et superficiellement pour donner l'impression qu'ils sont morts. Ils laissent aussi souvent leurs yeux grands ouverts et cessent de cligner des yeux. C'est ce qu'on appelle un état catatonique. Les opossums se mettent dans cet état parce qu'ils ne peuvent pas se défendre contre les prédateurs. Ainsi, au lieu d'essayer de se défendre et de potentiellement se blesser, le corps des opossums essaie de convaincre les autres animaux qu'ils sont morts et qu'ils ne sont plus bons à manger. De plus, la plupart des prédateurs sont confus par la scène, ce qui donne au marsupial une chance de s'échapper pendant que le prédateur est distrait.

59. Pourquoi les poulpes ont-ils un bec ?

Bien que les oiseaux soient connus pour avoir un bec, ils ne sont pas les seuls animaux à en avoir. En fait, certains animaux qui vivent dans la mer partagent cette partie du corps avec leurs cousins aviaires. Les poulpes sont des céphalopodes qui vivent dans l'océan et ils ont un bec. Beaucoup de gens ne savent pas que les pieuvres ont un bec, car elles le gardent caché sous leur corps et sont capables de le ramener à l'intérieur de leur corps lorsqu'il n'est pas utilisé. Cependant, sans bec, la pieuvre ne pourrait même pas survivre ! Les poulpes mangent d'autres animaux pour rester en vie − c'est ce qu'on appelle un carnivore. Beaucoup d'animaux mangés par les poulpes sont enfermés dans une coquille dure pour les protéger. Ainsi, avoir un bec aide les pieuvres à briser les coquilles dures de ces animaux. Cela leur permet de manger de tout, du crabe à la palourde. Après avoir ouvert les coquilles de leur nourriture, les poulpes utilisent ensuite leur bec pour casser leur nourriture en plus petites bouchées. Leur bec est donc leur principal outil pour ouvrir et manger leur nourriture.

60. Pourquoi les calamars font-ils de l'encre ?

Les films adorent montrer des calamars jaillissant de l'encre alors qu'ils nagent dans l'océan. Cependant, les calamars pulvérisent-ils vraiment de l'encre ? La réponse est oui. Les calamars ont un organe spécial dans leur corps appelé glande à encre. Dans cet organe spécial, l'encre est fabriquée en combinant de la mélanine (pour la couleur) et du mucus (pour la consistance). Ils ont également un autre organe spécial appelé sac d'encre pour contenir l'encre qu'ils fabriquent. Ce sac d'encre est relié à un muscle spécial appelé sphincter qui leur permet de libérer l'encre si nécessaire. Lorsque les calamars se sentent menacés, ils libèrent un flux de cette encre afin de distraire tout ce qui les menace. Cela leur donne une chance de fuir et d'échapper au danger. Saviez-vous que nous bénéficions également de l'encre de seiche ? Les humains utilisent le pigment foncé dans beaucoup de nos aliments et produits de beauté, mais ne vous inquiétez pas, nous enlevons les pigments avant qu'ils ne soient mélangés avec du mucus !

Le saviez-vous ?

- L'odorat des chiens est 10 000 à 100 000 fois plus sensible que celui des humains.
- Les chats peuvent tourner leurs oreilles à 180 degrés.
- Certaines espèces de serpents peuvent détecter le rayonnement infrarouge leur permettant de « voir » la chaleur.
- Les chauves-souris utilisent l'écholocation pour naviguer et trouver des proies.
- Les éléphants peuvent communiquer à l'aide d'infrasons à basse fréquence qui parcourent de longues distances.
- Les requins peuvent détecter les champs électriques produits par les organismes vivants.
- Les pigeons peuvent se reconnaître dans un miroir.

61. Pourquoi les étoiles de mer repoussent-elles leurs membres ?

Lorsque la plupart des animaux perdent un membre, ils vivent simplement sans ce membre pour le reste de leur vie. Les étoiles de mer, cependant, ont une capacité spéciale qui leur permet de repousser les membres perdus. Récemment, il a même été découvert que certaines étoiles de mer peuvent faire repousser tout leur système nerveux si nécessaire. Cela signifie que certaines espèces peuvent faire repousser tout leur corps même s'il ne reste qu'un seul membre ! Les étoiles de mer le font en utilisant d'abord des cellules spéciales pour coaguler la zone blessée et prévenir la perte de liquide. Ensuite, les cellules appelées myocytes d'autres parties du corps se déplacent vers la zone blessée. Ces cellules se mettent en place pour agir comme un nouveau tissu pour faire repousser le membre. Ensuite, elles changent afin de répondre aux besoins du membre, devenant plus comme les cellules qui les entourent. Cette capacité permet aux étoiles de mer de survivre aux attaques et de fuir même si cela leur coûte un membre. Les scientifiques essaient de comprendre si nous pouvons utiliser cette information pour aider les humains à acquérir une capacité similaire !

62. Pourquoi les mantes religieuses mangent-elles la tête de leurs compagnons ?

L'un des faits les plus courants que les gens connaissent sur les mantes religieuses est que les femelles mangent soi-disant la tête de leur partenaire une fois le processus d'accouplement terminé. Bien que cela soit vrai dans certaines circonstances, ce n'est pas toujours le cas. Les mantes religieuses ne tuent pas leurs compagnons dans la nature. Elles vont d'abord s'accoupler et ensuite se séparer sans aucune violence. Cependant, si un couple de mantes religieuses est gardé en captivité, la femelle peut manger la tête du mâle après sa reproduction. Cela est dû au stress d'être retenu captif ainsi qu'à la concurrence pour les ressources dans un environnement limité. Afin d'assurer sa survie et celle de ses bébés potentiels, la mante femelle tue le mâle afin d'éviter d'avoir à se battre contre lui pour des ressources telles que la nourriture et l'eau. De plus, la tête du mâle fournit une nutrition supplémentaire à la mante femelle, assurant qu'elle reste en assez bonne santé pour produire une progéniture. Cependant, en dehors de la captivité, ce comportement n'est pas observé chez l'espèce.

63. Pourquoi les termites essaiment-elles ?

Les termites sont des insectes qui se nourrissent souvent de bois. Ces insectes ont tendance à essaimer pendant certaines parties de l'année et à entrer dans les maisons des gens. Bien que ce soit pénible pour les humains, ce comportement est important pour les termites. Les termites, comme beaucoup d'insectes, sont toujours à la recherche de nouvelles sources de nourriture à mesure que les anciennes sources de nourriture diminuent. Les termites pullulent pour se déplacer vers des zones auparavant non habitées afin que la concurrence alimentaire ne soit plus un problème. Elles se déplacent en grands groupes et colonisent de nouvelles zones, avec l'intention de rester et de se nourrir des ressources qui sont disponibles. Certains termites, telles que les termites de Drywood, sont dangereuses pour les humains. Ces termites essaient de manger le bois sec que nous avons utilisé pour construire nos maisons. Les essaims de ces termites peuvent être extrêmement dangereux pour les propriétaires car les termites sont des parasites très destructeurs. Cependant, de nombreuses espèces grouillantes ne mangent pas de bois sec, ce qui fait de la plupart des essaims de termites un simple gêne plutôt qu'un problème.

64. Pourquoi les sauterelles deviennent-elles des criquets ?

Alors que les gens considèrent souvent les sauterelles comme des créatures dociles et inoffensives, les criquets sont considérés comme des parasites terrifiants. Beaucoup de gens ne réalisent pas que les sauterelles et les criquets sont en fait la même créature, mais sous des formes différentes. Lorsque la nourriture devient rare et indisponible, les sauterelles commencent à se rassembler à proximité, essayant de manger le peu de nourriture qu'elles peuvent trouver. Cela les amène à se frotter les unes contre les autres, permettant au corps de reconnaître la pénurie alimentaire. Après cela, leurs corps commencent à subir des changements. Ces changements font que les sauterelles se regroupent et deviennent nomades. Cela leur permet de voler afin de trouver de nouvelles sources de nourriture. Cependant, en raison du grand nombre de criquets dans un essaim, cela détruit souvent des champs entiers et cause des difficultés supplémentaires pour les autres animaux de la région. Ainsi, les humains font de leur mieux pour essayer d'empêcher les sauterelles de former des essaims de criquets. Cependant, les criquets continuent d'agir comme des ravageurs en période de famine et sont craints dans le monde entier.

65. Pourquoi les serpents perdent-ils leur peau ?

Avez-vous déjà trouvé de la peau de serpent en vous promenant à l'extérieur ? Beaucoup de gens associent la perte active de la peau aux serpents. Cependant, tous les reptiles perdent leur peau de la même manière. Alors que les mammifères ont tendance à perdre leur peau en flocons, les reptiles perdent leur peau en gros morceaux. Parfois, ces morceaux sont constitués de la totalité de la peau de leur corps. C'est parce que la peau d'un reptile ne grandit pas avec le reste de son corps. Pour que les reptiles puissent continuer à grandir, ils doivent parfois être capables de perdre leur peau de manière rapide et soudaine. Ainsi, ils perdent toute la peau de leur corps, durant une période de quelques heures à quelques jours. Cela leur permet de continuer à croître d'une manière sûre. La perte de peau des reptiles a également un bonus supplémentaire. Ça les aide également à prévenir les infections parasitaires. En perdant leur peau, ils excrètent également tous les parasites qui peuvent y être attachés.

66. Pourquoi les flamants roses se tiennent-ils sur une jambe ?

Même les décorations de flamants roses montrent l'oiseau rose debout sur une seule jambe. Beaucoup de gens se demandent s'il s'agit d'une représentation exacte des flamants roses. En fait, les flamants roses se tiennent souvent que sur une jambe. Il y a plusieurs raisons pour lesquelles ils font cela. L'une des raisons pour lesquelles les flamants roses se tiennent sur une jambe à la fois est que ça les aide à prévenir la fatigue. En alternant les jambes, les flamants roses donnent à une jambe la chance de se reposer tandis que l'autre jambe supporte le poids de l'oiseau. De plus, se tenir sur une jambe aide à distribuer la chaleur dans tout le corps du flamant rose. Le sol est souvent chaud et plus il y a de parties du corps qui touchent le sol, plus le flamant rose aura chaud. Se tenir sur une seule jambe réduit la quantité du corps qui touche le sol chaud, permettant au flamant d'être plus frais. Alternativement, lorsqu'il fait froid dehors, tenir une jambe plus près du corps permet au flamand rose de retenir la chaleur corporelle supplémentaire.

67. Pourquoi les poules couvent-elles ?

Les poules couveuses peuvent être pénibles pour quiconque qui essaie de récolter des œufs. Elles agissent de manière agressive si l'on s'approche trop, et agiront d'une manière encore plus préoccupante si quelqu'un essaie de s'approcher de leurs œufs. C'est parce que les poules veulent pouvoir éclore et élever leurs œufs elles-mêmes. Les humains qui récoltent souvent des œufs de poules avant qu'ils ne puissent éclore mettent les poules en colère car elles veulent pouvoir élever leurs propres poussins. Cela peut les amener à agir comme une couveuse lorsque leur instinct maternel entre en jeu. Les poules peuvent même couver chaque fois qu'elles produisent des œufs qui ne sont pas fécondés. Cette couvaison semble être causée par des facteurs autres que la ponte. Par exemple, les poules qui voient des poussins peuvent devenir couveuses et vouloir élever leurs propres poussins. De plus, laisser les œufs dans le poulailler pendant de longues périodes de temps peut également entraîner une couvaison. Enfin, des facteurs environnementaux tels que la quantité de lumière et la température peuvent entraîner une couvaison. Bien que la poule couveuse peut être agaçante pour un agriculteur, elle est globalement inoffensive.

68. Pourquoi les perroquets parlent-ils ?

Les perroquets sont connus pour leur capacité à parler. Cependant, peuvent-ils vraiment parler comme les humains ? Les perroquets ne peuvent pas communiquer avec la parole comme le font les humains. Bien qu'ils puissent créer certains mots et sons, ils sont souvent incapables de comprendre ce que ces mots et ces sons signifient. Certains perroquets sont capables de comprendre et d'utiliser des mots et des sons, mais leur vocabulaire est très limité par rapport au nôtre. Comment les perroquets produisent-ils des sons ? Les perroquets n'ont pas de cordes vocales comme les humains. Au lieu de cela, ils ont un organe spécial appelé syrinx. Cela leur donne la capacité de faire beaucoup de sons, même plus que les humains. Lorsque les perroquets ont commencé à être domestiqués par les humains, ils ont commencé à copier les sons qu'ils entendaient de leurs propriétaires. Ainsi, les perroquets élevés en captivité peuvent souvent dire quelques mots et peuvent même comprendre ce que certains mots signifient. Les perroquets sauvages, par contre, imitent plutôt les bruits naturels de l'environnement dans lequel ils se trouvent.

69. Pourquoi les pingouins ne volent-ils pas ?

Les pingouins sont des oiseaux incapables de voler qui vivent dans l'hémisphère sud. Lorsque les gens entendent le mot oiseau, ils pensent généralement immédiatement à voler. Mais il y a évidemment certaines espèces d'oiseaux qui ne volent pas. Les pingouins sont l'une de ces espèces, et ils ne volent pas car leurs ailes sont utilisées pour quelque chose de beaucoup plus important en lien à l'environnement dans lequel ils vivent. Les pingouins vivent dans des environnements qui sont généralement abondants en eau. Bien qu'ils vivent principalement sur terre, ils passent beaucoup de temps à chasser et à voyager par l'océan. Ainsi, lorsque d'autres oiseaux ont développé la capacité de voler, les pingouins ont développé des ailes qui les ont aidés à nager. Leurs ailes, faites de plumes résistantes à l'eau, permettent aux pingouins de glisser dans l'eau sans effort. Cela leur permet d'échapper rapidement aux prédateurs et de naviguer rapidement dans le monde sous-marin. De plus, la façon dont le poids des pingouins est réparti signifie que même si les pingouins avaient des ailes qui leur permettraient de voler, ils seraient probablement incapables de le faire. Ainsi, les pingouins sont les nageurs olympiens du monde des oiseaux.

70. Pourquoi les paons ont-ils de belles queues ?

Les paons sont connus pour avoir de belles queues. Les paons sont spécifiquement les oiseaux mâles de l'espèce, un type de faisan connu pour ses grandes plumes arrières. Les paons femelles n'ont pas de plumes colorées comme les paons mâles. La raison pour laquelle seuls les mâles de l'espèce ont ces plumes fantaisistes et colorées est qu'elles sont utilisées pour attirer les femelles. Lorsqu'ils tentent de trouver un partenaire, les paons mâles étendent leurs plumes arrières dans une belle présentation de couleurs et d'extravagance. Les femelles sont souvent attirées par les mâles aux plumes les plus colorées. La taille joue également un rôle dans le choix de la femelle, car les paons avec des plus grandes plumes sont plus attrayants pour les femelles. Cependant, les queues trop colorées ou trop grandes peuvent aussi être intimidantes pour les femelles. Ainsi, les mâles avec des plumes décemment colorées et de taille modeste ont tendance à mieux s'accoupler.

Le saviez-vous ?

- Les koalas se nourrissent principalement de feuilles d'eucalyptus, qui sont toxiques pour la plupart des animaux.
- La chauve-souris vampire se nourrit du sang d'autres animaux.
- Un groupe de vautours qui se nourrissent ensemble s'appelle un sillage.
- Le binturong, ou « bearcat, » sent le pop-corn beurré.
- Certains oiseaux, comme l'oiseau secrétaire, sont des carnivores opportunistes et mangent des serpents.
- La Myxine peut produire de grandes quantités de bave pour dissuader les prédateurs.
- Le Hoazin, un oiseau que l'on trouve en Amazonie, a un système digestif qui fermente sa nourriture.

71. Pourquoi certaines écrevisses ont-elles une couleur bleue ?

La plupart des écrevisses montrées dans les médias et trouvées en magasin sont rouges. Cependant, certaines écrevisses ne sont pas rouges du tout. Il y a des écrevisses bleues et blanches, et deux variantes de l'écrevisse rouge commune qui vivent dans le Sud des États-Unis. Ces différentes couleurs apparaissent chaque fois que les cellules qui produisent le pigment de l'exosquelette fonctionnent mal. Une quantité normale de pigments rend une écrevisse rouge. Une quantité légèrement plus petite de pigment la rend bleue et une quantité plus petite encore la rend blanche. La façon dont les cellules se comportent dépend de l'oxydation qu'elles reçoivent. Si les cellules ne reçoivent pas assez d'oxygène, moins de pigments sont produits. Dans l'ensemble, les écrevisses bleues sont assez rares et n'apparaissant que dans une écrevisse sur 50 000. Les écrevisses blanches sont encore plus rares et on estime qu'elles n'apparaissent que chez une écrevisse sur cinq millions. Peu importe la couleur, toutes les écrevisses sont généralement bonnes et sûres à manger.

72. Pourquoi les crabes ont-ils une pince plus grosse que l'autre ?

Avez-vous déjà vu un crabe avec une grosse pince et une petite pince ? C'est commun chez les crabes mâles et encore plus fréquent chez certaines espèces de crabes tels que les crabes violonistes. Il y a plusieurs raisons pour lesquelles il est avantageux pour ces crabes d'avoir une grosse pince et une plus petite. Les plus petites pinces sont en fait des pinces de taille normale, et les crabes femelles ont souvent ces pinces de petite taille. Les crabes mâles développent une pince plus large afin d'attirer les partenaires, de fournir une méthode de défense contre d'autres crabes et prédateurs, et de fournir un moyen d'intimider les crabes rivaux. Les crabes mâles agitent leur grande pince lorsqu'ils tentent d'attirer des femelles - qui sont souvent attirées par les crabes mâles ayant la plus grande pince. De plus, les crabes mâles utilisent souvent leurs grosses pinces pour combattre les prédateurs ainsi que pour se battre entre eux si besoin. Ces grandes pinces font d'excellentes armes et sont également très bonnes pour l'intimidation, ce qui fait que les plus gros crabes les utilisent contre les crabes plus petits.

73. Pourquoi certains chats ont-ils des orteils supplémentaires ?

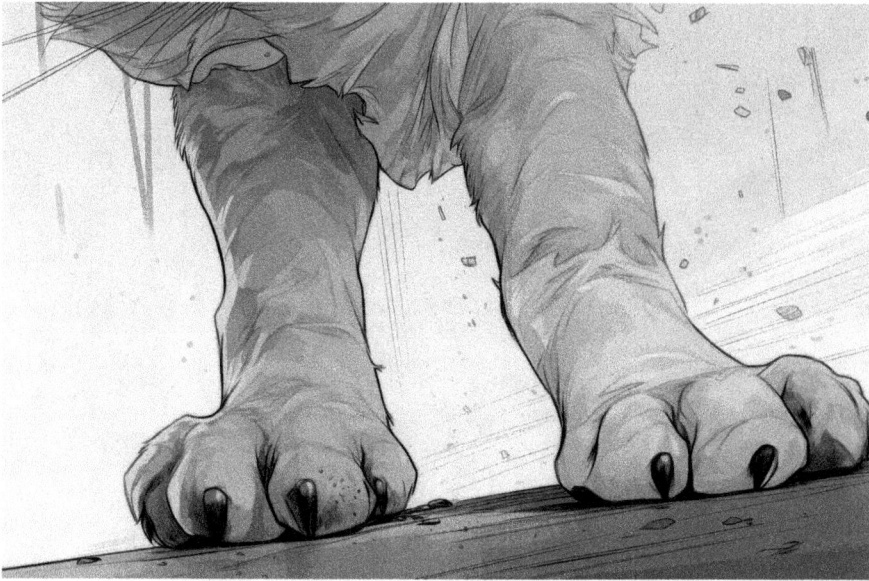

Alors que la plupart des chats ont dix-huit orteils au total, certains chats ont quelques orteils supplémentaires. Les chats qui portent plus de dix-huit orteils sont connus sous le nom de chats polydactyles. Ces chats sont souvent admirés pour leur unicité et certaines personnes les recherchent activement comme animaux de compagnie. Les chats polydactyles sont créés chaque fois qu'il existe un gène dominant pour le trait transmis par lignée sanguine. Ainsi, les éleveurs peuvent généralement deviner si une portée de chatons contiendra des chatons polydactyles, car les parents polydactyles transmettent souvent le trait. Ces chats sont un peu plus communs dans les villes portuaires car ils étaient considérés comme des porte-bonheur par les marins, qui voyagaient avec eux. En raison de la façon dont le gène polydactyle est transmis, des populations entières de chats errants dans ces zones ont souvent le trait. Certains propriétaires d'animaux de compagnie sont inquiets lorsqu'ils se rendent compte que leur ami félin a quelques orteils supplémentaires, mais en fin de compte, avoir un chat polydactyle cause rarement des problèmes. Les orteils supplémentaires ne causent aucune douleur et n'altèrent pas la qualité de vie du chat.

74. Pourquoi certains chiens ont-ils le visage écrasé ?

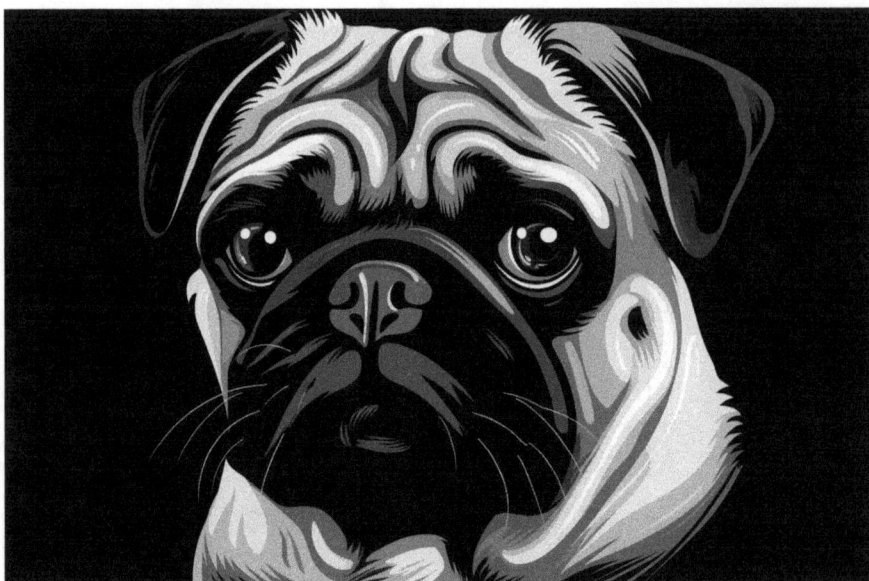

Beaucoup de gens achètent des chiens tels que des carlins ou des bouledogues parce qu'ils aiment l'apparence de leurs visages écrasés. On se demande souvent pourquoi les gens sont attirés par les visages écrasés de ces races de chiens. Les races telles que les carlins et les bouledogues ont des visages écrasés parce que c'est ainsi que nous les avons élevés de manière sélective. Certains chiens, tels que les bouledogues, ont été élevés avec des visages plats dans un but spécifique - comme pour combattre les taureaux. Le fait d'avoir des visages sans saillies aide à empêcher les taureaux de pouvoir lancer le bouledogue et de le tenir pendant ces combats. Ainsi, les visages plats de ces chiens les ont d'abord gardés en sécurité. D'autres races, telles que les carlins, ont été élevées dans le but d'avoir l'air esthétiquement agréable. Les gens trouvent leur visage mignon. Aujourd'hui, beaucoup de ces chiens à face plate sont élevés pour avoir des visages encore plus plats qu'ils ne sont censés avoir de base. Cela entraîne une augmentation de problèmes respiratoires chez les chiens de ces races et la question se pose donc pour savoir s'il est acceptable ou non de continuer à les élever.

75. Pourquoi certaines coccinelles mordent-elles ?

Avez-vous déjà eu une coccinelle qui s'est posée sur vous et vous sentez soudainement une morsure aiguë ? La raison pour laquelle cette coccinelle vous a mordu, c'est parce que ce n'est tout simplement pas une vraie coccinelle. Il existe plusieurs espèces d'insectes qui ressemblent à des coccinelles mais qui ne sont pas du tout des coccinelles. L'une des espèces, la coccinelle asiatique, est connue pour mordre plus souvent que les autres. Vous pouvez faire la différence entre ces insectes et les coccinelles réelles par leur couleur. Les coccinelles sont rouges avec des taches noires. Les coccinelles asiatiques ont plutôt une couleur orange ou jaune, une forme légèrement ovale et sont plus grandes que les coccinelles. Les coccinelles ont également une tête principalement noire alors que les coccinelles asiatiques ont plutôt une tête blanche avec un M noir dessus. En étant capable d'identifier les coccinelles asiatiques, vous pouvez éviter d'être mordu par elles. De cette façon, vous pouvez continuer à profiter de la présence de vraies coccinelles sans risque de morsure !

76. Pourquoi les colibris ont-ils un long bec ?

Les colibris sont de petits oiseaux au bec extrêmement long. Beaucoup de gens aiment les voir flotter en train de boire du nectar de diverses plantes de la région. La raison pour laquelle les colibris ont ces longs becs est liée à leur besoin de recueillir du nectar. Les colibris recueillent le nectar avec un long tube comme une langue et leur bec les aide à tenir leur langue et à creuser dans les fleurs. Plus précisément, ils ont tendance à aimer boire du nectar de fleurs qui ont la forme d'une trompette ou d'un cône. Si leur bec était plus court, ils seraient incapables d'atteindre le nectar dans les fleurs qu'ils aiment. D'ailleurs, certains colibris ont un bec plus court que d'autres. Les scientifiques ont constaté que les oiseaux recherchent spécifiquement des fleurs qui correspondent à la longueur approximative de leur bec. Les oiseaux au bec plus court chercheront des fleurs plus petites et les oiseaux au bec plus long éviteront les fleurs plus petites à la recherche de fleurs plus grandes.

77. Pourquoi les isopodes se roulent-ils en boule ?

Les isopodes (également connus sous le nom de punaises de pilules et rollie-pollies) sont des petits invertébrés qui se roulent en boule lorsqu'ils sont manipulés. Beaucoup d'enfants grandissent en jouant avec ces insectes et les trouvent plutôt mignons. Cependant, ces insectes n'aiment pas être touchés. Les isopodes ont tendance à se rouler en boule chaque fois qu'ils se sentent menacés. C'est parce que leurs ventres sont nettement plus mous et plus sensibles que la coquille dure sur leur dos. En se roulant en boule, ils protègent leur ventre et n'exposent leur coquille dure qu'à leurs prédateurs. Cela les rend beaucoup plus difficiles à manger. De plus, se rouler en boule comme un mouton peut aider l'insecte à maintenir l'humidité. Ceci est extrêmement important pour les isopodes terrestres car ils ne sont pas entourés d'eau comme le sont leurs cousins marins. Si, pour une raison quelconque, les isopodes étaient incapables de se rouler en boule, ils risqueraient de se dessécher et de mourir.

78. Pourquoi certains poissons vivent-ils dans l'eau salée et d'autres dans l'eau douce ?

Vous êtes-vous déjà demandé pourquoi certains poissons ne vivent qu'en eau douce et d'autres seulement en eau salée ? Au fil des années, les poissons ont évolué pour s'adapter à leur environnement. Ainsi, les poissons d'eau salée ont beaucoup plus de sel dans leur corps que les poissons d'eau douce. Cependant, beaucoup de gens se demandent pourquoi les poissons d'eau douce et les poissons d'eau salée ne peuvent pas vivre dans le même environnement. La réponse se trouve dans un processus appelé osmose. Essentiellement, s'il y a un groupe de cellules contenant plus de sel proche d'un groupe qui en a moins, l'eau du groupe moins salé voyagera dans les cellules salées pour essayer d'équilibrer le rapport du sel à l'eau. Ainsi, si un poisson d'eau salée était placé en eau douce, ses cellules absorberaient trop d'eau en essayant de trouver un équilibre. De la même manière, si un poisson d'eau douce était placé dans de l'eau salée, toute l'eau de ses cellules s'enfuirait afin d'essayer de trouver un équilibre avec l'eau salée qui les entoure. Les deux cas entraineraient la mort du poisson.

Ainsi, les poissons d'eau douce ne peuvent vivre qu'en eau douce et les poissons d'eau salée ne peuvent vivre qu'en eau salée.

79. Pourquoi les chiens ont-ils une griffe supplémentaire derrière les pattes ?

Tous les chiens ont une griffe supplémentaire derrière leurs pattes avant appelée ergot. Beaucoup de gens supposent qu'il n'y a pas de but précis à ces griffes supplémentaires. C'est faux. Les chiens bénéficient grandement d'avoir ces griffes. Les ergots sont particulièrement importants lorsque les chiens courent à grande vitesse sur des surfaces glissantes. Les scientifiques ont découvert qu'ils offrent une traction et une adhérence supplémentaires afin d'assurer que les chiens ne glissent pas lorsqu'ils courent. Ils aident également à stabiliser l'articulation du canal carpien - aussi connue sous le nom d'articulation du repos - et à prévenir une variété de blessures qui pourraient autrement se produire en ayant un peu moins de soutien à cet endroit. Certaines races de chien ont même ces griffes derrière leurs pattes arrière, avec un but similaire. Certains maîtres de chiens choisissent d'enlever les ergots de leurs animaux de compagnie, mais les vétérinaires déconseillent généralement cela car cela est considéré comme une procédure inutile et douloureuse pour le chien.

80. Pourquoi les pics picorent-ils du bois ?

Les pics sont connus pour picorer aveuglément le bois, qu'il appartienne à un arbre, à un poteau ou à un bâtiment. De nombreux propriétaires et charpentiers trouvent les comportements des pics encombrant. Cependant, les pics n'essaient pas d'agacer les humains avec leur comportement et essaient simplement de prendre soin d'eux-mêmes. Tout d'abord, ces oiseaux mangent souvent de la sève et des insectes comme éléments principaux de leur régime alimentaire. Afin de trouver la sève et les insectes, ces oiseaux doivent creuser à l'intérieur des arbres. Ainsi, ils picorent le bois jusqu'à ce qu'ils puissent atteindre la sève et les insectes. De plus, les pics picorent également des trous dans les arbres mourants afin de trouver un endroit pour nicher en toute sécurité. Plusieurs autres espèces d'oiseaux en bénéficient également, car les nids laissés par les pics sont souvent utilisés par des espèces d'oiseaux qui ne peuvent pas construire leurs propres nids. Enfin, les pics tenteront de faire du bruit en picorant du bois et d'autres matériaux afin d'attirer l'attention des partenaires. C'est pourquoi vous trouverez parfois les oiseaux tapotant leur bec sur des objets métalliques au lieu de bois.

Le saviez-vous ?

- Les escargots ont des milliers de petites dents situées sur leur radula en forme de langue.
- Le ténia peut atteindre jusqu'à 100 pieds (trente mètres) de long à l'intérieur des intestins d'un hôte.
- Les colibris peuvent consommer jusqu'à la moitié de leur poids en nectar, par jour.
- Certaines espèces de geckos peuvent marcher sur l'eau grâce à des pieds spécialisés.
- Le scarabée bombardier crée une réaction chimique dans son abdomen pour projeter des produits chimiques chauds et nocifs sur les prédateurs.
- Le ver plat planaire est biologiquement immortel, car il peut se régénérer en permanence.

81. Pourquoi les chats ont-ils des moustaches ?

Aucun dessin d'un chat n'est complet sans ajouter de moustaches. Pourquoi les chats ont-ils ces étranges structures ressemblant à des poils ? Les chats ont une variété de façons d'évaluer le monde qui les entoure. Ils ont un sens aigu de la vue, un bon sens de l'ouïe et un assez bon sens de l'odorat. Leur sens du toucher, cependant, est également extrêmement important. Les moustaches aident les chats à analyser leur environnement grâce à leur sens du toucher. Les moustaches aident principalement les chats à naviguer et à s'équilibrer. Des études ont montré qu'enlever les moustaches d'un chat le rendrait désorienté et déséquilibré. De plus, les moustaches aident les chats à déterminer la distance entre eux et d'autres objets par les vibrations dans l'air, ce qui est particulièrement utile pour chasser une proie. Les moustaches aident également à détecter les changements dans l'air qui peuvent indiquer quand un prédateur approche. Ainsi, les moustaches gardent nos chats équilibrés, agiles et en sécurité.

82. Pourquoi certaines fourmis volent-elles ?

Avez-vous déjà vu une fourmi voler ? En réalité, parfois ces créatures ne sont pas des fourmis. Certaines espèces de termites ressemblent à des fourmis avec des ailes. Si l'on voit une fourmi volante, on devrait vérifier et s'assurer qu'il ne s'agit pas d'une termite. Cependant, certaines espèces de fourmis ont des membres qui volent. Les fourmis volantes ne mordent généralement pas les humains et ne constituent pas une menace pour les maisons comme le sont les termites. Certaines espèces de fourmis sont appelées essaims ou adultes ailés. Ces fourmis pullulent et voyagent pour se reproduire. Il existe trois types de fourmis dans l'espèce : mâle, femelle et ouvrière. Les fourmis ouvrières ne sont pas du tout capables de voler tandis que les fourmis mâles et femelles voyagent pour se reproduire. Les plus grosses fourmis volantes sont souvent des femelles, les mâles étant plus petits. Voir une ou deux de ces fourmis volantes n'est généralement pas un problème. Cependant, si de grandes quantités sont observées, cela peut être le signe d'une infestation.

83. Pourquoi certaines fourmis sentent-elles la noix de coco ?

Beaucoup de gens ont connu un phénomène intéressant lorsqu'ils ont eu affaire à une infestation de fourmis. Certaines fourmis semblent dégager un parfum de noix de coco. Une seule espèce de fourmi est capable de dégager cette odeur étrange. En fait, le nom commun de cette fourmi est basé sur son odeur. La fourmi domestique odorante est connue pour dégager une odeur plutôt étrange, surtout lorsqu'elle est écrasée. L'odeur a été décrite comme des noix de coco pourries, du fromage bleu et de la pénicilline. Certaines personnes trouvent que l'odeur ressemble à celle des noix de coco et la trouvent même agréable. D'autres trouvent l'odeur dégoûtante et rebutante. Pourquoi ces fourmis sentent-elles si fort ? Toutes les fourmis utilisent des odeurs et des phéromones pour communiquer entre elles. Les humains ne peuvent généralement pas sentir ces phéromones mais malheureusement, nous sommes capables de sentir les phéromones produites par cette espèce. Les odeurs ne sont pas destinées à nous, mais plutôt à communiquer aux autres fourmis qu'il y a un danger ou de la nourriture à proximité. Nous avons juste la malchance de la sentir également.

84. Pourquoi les chiens poursuivent-ils le camion à ordures ?

De nombreux propriétaires ont dû courir après leurs chiots excités que le camion à ordures soit passé dans leur rue. Pourquoi les chiens sont-ils si amoureux de l'idée de suivre le camion à ordures ? En général, certains chiens sont plus enclins à chasser des véhicules que d'autres chiens. Les chiens avec une forte pulsion de proie peuvent chasser des objets simplement parce qu'ils se déplacent, même si l'objet est beaucoup plus grand que le chien lui-même. Cependant, les maîtres trouveront parfois des chiens qui ne poursuivent normalement pas les véhicules ayant un intérêt soudain à poursuivre le camion à ordures. C'est à cause de la variété des odeurs qui proviennent du camion à ordures. Les chiens ont un odorat très fort et sont attirés par les odeurs que nous considérons comme grossières ou difficiles à gérer. Lorsque le camion à ordures passe, il libère l'odeur des ordures dans l'air, ce qui attire l'intérêt de la plupart des chiens. Certains chiens voudront suivre la source de l'odeur afin d'enquêter.

85. Pourquoi le poisson-globe se gonfle-t-il lorsqu'il a peur ?

Le poisson-globe est un type unique de poisson capable de se gonfler lorsqu'il est menacé. Certaines personnes trouvent cette capacité effrayante. D'autres trouvent cela divertissant et gardent même les poissons comme animaux de compagnie. Cependant, les poissons-globes se gonflent pour une raison très importante. Les poissons-globes sont chassés par une variété de créatures, y compris des grandes créatures comme les dauphins. Quand ils ne sont pas gonflés, les poissons-globes sont généralement plutôt petits par rapport à leurs prédateurs. Quand ils sont poursuivis par un prédateur, ils se gonflent et rendent leur consommation plus difficile. Si le prédateur a déjà réussi à les avaler, cette inflation peut ensuite faire suffoquer le prédateur. Certaines espèces de poissons-globes ont également des pointes. Ces espèces ont souvent des toxines à l'intérieur de leurs pointes qui offrent une protection supplémentaire contre les prédateurs. Malheureusement, certains humains prennent cela comme un défi. Le poisson-globe, y compris les sortes venimeuses, est parfois servi dans des restaurants de sushis spéciaux à travers le monde. Aïe !

86. Pourquoi les chèvres tombent-elles ?

Il y a quelques années, les chèvres évanouies sont devenues un succès sur les réseaux sociaux, avec des milliers de vidéos surgissant en ligne de chèvres s'évanouissant lorsqu'elles sont surprises. Bien que l'idée puisse être amusante, ce n'est pas vraiment ce qui se passe lorsque les chèvres tombent après avoir été surprises. Les chèvres restent complètement conscientes pendant ce processus. En réalité, elles ne s'évanouissent pas ou du moins pas complètement. Au lieu de cela, elles tentent de fuir. Parfois, lorsqu'elles essaient de s'enfuir, elles rigidifient accidentellement leurs muscles en se préparant à courir. Cela peut provoquer le blocage temporaire des muscles, ce qui fait tomber les chèvres et leur donne l'impression d'être évanouies. Les chèvres qui font cela sont appelées chèvres myotoniques. Elles naissent avec une maladie congénitale connue sous le nom de myotonie congénitale (également connue sous le nom de maladie de Thomsen). Bien que la condition soit globalement inoffensive pour les chèvres, ça a tendance à les bloquer quand elles sont surprises.

87. Pourquoi les chats chassent-ils les souris ?

Les chats aiment naturellement chasser et attaquer les souris. Les historiens pensent que c'est en partie la raison pour laquelle les chats ont été domestiqués au cours de l'histoire. Les chats ont été attirés par les établissements humains parce que la grande quantité de céréales stockées attirait les souris dans la région. Au fil du temps, les humains réalisaient la valeur d'avoir des chats pour tuer les souris car cela réduisait le gaspillage alimentaire et les maladies. Les chats chassent les souris parce qu'ils sont des carnivores naturels. Ils ne mangent pas de plantes et ils sont donc incapables de chercher de la nourriture. A la place, ils doivent compter sur leurs compétences de chasse pour tuer et manger des proies. En raison de leur petite taille, les chats sont limités dans ce qu'ils sont capables de tuer et de manger. Les oiseaux et les souris sont souvent les proies les plus faciles et les plus abondantes que les chats modernes peuvent trouver. Alors que la plupart des chats de compagnie sont bien nourris et n'ont pas besoin de chasser, leur instinct leur dit de le faire quand même. Ainsi, la plupart des chats chassent les souris si l'occasion se présente.

88. Pourquoi les tortues ont-elles une carapace ?

Les tortues sont des reptiles qui ont une carapace à l'extérieur de leur corps. Techniquement, leur carapace est une partie de leur corps et ne peut pas être enlevée sans nuire à la tortue. La plupart des individus supposent que les tortues ont des carapaces afin de les protéger des prédateurs. C'est en effet l'une des raisons pour lesquelles les tortues ont évolué pour avoir des carapaces au fil des années. Cependant, ce n'est pas la seule raison. De plus, certaines espèces de tortues ont des carapaces plus molles qui offrent peu de protection. Les scientifiques ont récemment découvert que la raison initiale pour laquelle les tortues avaient des carapaces n'était pas du tout pour la protection. Il semble que les tortues aient développé des carapaces afin de se donner la capacité de creuser, leur carapace offrant stabilité et effet de levier, permettant aux tortues de creuser dans le sol. Cela leur a permis de vivre avec à la fois sur terre et dans l'eau. Les scientifiques pensent même que ce développement pourrait avoir été l'élément salvateur des tortues lors des grands événements d'extinction.

89. Pourquoi les crevettes ont-elles cette partie pointue sur la tête ?

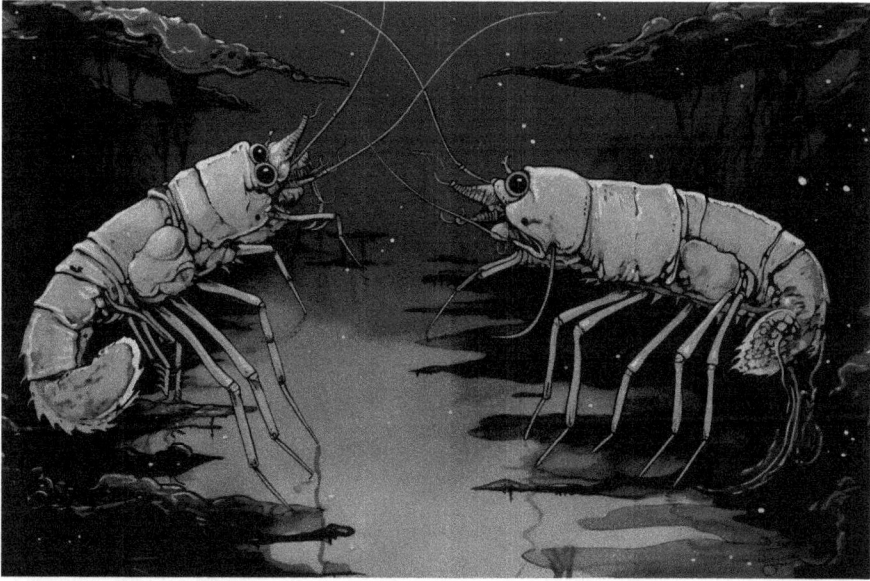

Avez-vous déjà mangé des crevettes non pelées et vous êtes-vous accidentellement piqué avec la structure pointue en forme de corne sur le dessus de la tête de la crevette ? Cette structure s'appelle un rostre, et malgré la douleur que ça peut causer, il n'est pas destiné à blesser les humains. Le rostre a deux objectifs principaux. Tout d'abord, il aide les crevettes à naviguer dans leur monde et à diriger leur corps. Plus précisément, il les aide à maintenir l'angle et la direction appropriés en nageant vers l'arrière. Cependant, ce n'est pas la seule utilité du rostre. Les crevettes se battent souvent entre elles et contre d'autres créatures marines en utilisant le rostre comme une sorte d'épée. Il peut être utilisé dans une tentative d'attaquer des crevettes plus faibles ou d'attaquer des proies. Il peut également être utilisé de manière défensive, par exemple lorsque les crevettes sont attaquées par de plus grosses crevettes ou par des prédateurs. Bien que cette partie du corps ne soit pas délibérément destinée à nuire aux humains, elle peut toujours donner aux humains une piqûre désagréable et causer une infection si elle n'est pas traitée. Ainsi, pelez toujours les crevettes avec prudence et nettoyez toutes les plaies que vous pourriez avoir en le faisant.

90. Pourquoi les axolotls se transforment-ils parfois ?

Les axolotls sont un type de salamandre qui n'est pas censé dépasser son stade de têtard. Alors que la plupart des amphibiens produisent des hormones de croissance jusqu'à ce qu'ils deviennent des grenouilles ou des salamandres terrestres, l'axolotl cesse de produire cette hormone avant de commencer à perdre ses branchies. Cela crée une salamandre qui vit perpétuellement dans l'eau. Cependant, parfois, les axolotls commencent soudainement à produire plus d'hormone de croissance et se transforment en une salamandre terrestre. Cela se produit parce qu'une autre espèce de salamandre, connue sous le nom de salamandre tigrée, a été mariée avec des axolotls lorsqu'ils ont commencé à gagner en popularité en tant qu'animaux de compagnie. Les salamandres tigrées se transforment en salamandres terrestres lorsqu'elles atteignent leur maturité. Certains axolotls ont des gènes restants de ces salamandres tigrées qui leur permettent soudainement de se transformer. On pense que les facteurs environnementaux jouent également un rôle, certaines conditions, telles que la chaleur excessive, provoquant l'activité des gènes dormants. Cependant, il semble qu'il n'y ait aucun moyen de prédire quels axolotls se transformeront et lesquels ne se transformeront pas.

Le saviez-vous ?

- Le plus petit mammifère du monde est la chauve-souris bourdon, avec une envergure de seulement 5,7 pouces (14,4 centimètres).
- La peau du minuscule dendrobate empoisonné contient suffisamment de toxines pour tuer les prédateurs.
- La chèvre pygmée est l'une des plus petites chèvres domestiquées, mesurant environ seize pouces (40,6 centimètres) de haut.
- Les musaraignes sont de petits mammifères avec un métabolisme élevé, ce qui les oblige à manger leur poids quotidiennement.
- Les hamsters nains, comme le Roborovski, ne pèsent que quelques grammes et sont des coureurs incroyablement rapides.
- Le plus petit caméléon du monde, Brookesia micra, peut tenir sur le bout d'une allumette.

91. Pourquoi les anoles verts deviennent-ils plus foncés ?

Avez-vous déjà remarqué que certains types de lézards, en particulier les anoles verts, passent parfois du vert clair au brun foncé lorsqu'ils sont contrariés ? C'est la façon dont les anoles verts montrent qu'ils sont mécontents de ce qui se passe dans leur environnement direct. Une raison courante pour laquelle ces lézards peuvent changer de couleur est qu'ils ne sont pas satisfaits de la température ou de l'éclairage de leur environnement. Ceci est plus fréquent chez les lézards qui sont gardés comme animaux de compagnie que ceux que l'on trouve à l'état sauvage. Ces lézards peuvent également devenir plus sombres quand ils essaient de résoudre un différend territorial avec un autre lézard. Ils le font dans le but d'intimider l'autre lézard ou de montrer leur mécontentement de perdre leur territoire. Parfois les femelles deviennent également brunes lorsqu'elles rencontrent des lézards mâles avec lesquels elles veulent s'accoupler, ce qui signifie que parfois ces lézards deviennent bruns pour des raisons autres que le mécontentement. Enfin, la santé d'un lézard peut le faire brunir. La déshydratation, les problèmes hormonaux et la maladie peuvent tous assombrir un lézard.

92. Pourquoi les gorilles se battent-ils la poitrine ?

Des films comme King Kong ont montré les gorilles comme de grands singes qui passent beaucoup de temps à se battre la poitrine. Cependant, est-ce un comportement réel qui est commun chez les gorilles ou est-ce quelque chose que les films ont inventé pour les rendre plus intimidants ? Bien que les gorilles dans la nature ne battent pas leur poitrine aussi souvent que ceux des films, c'est un comportement que les gorilles pratiquent. Mais les femelles ne pratiquent généralement pas du tout ce geste. Au lieu de cela, il semble que ce soit un comportement produit uniquement par les gorilles mâles. Les scientifiques qui étudient les gorilles affirment que cela est probablement dû au fait que l'action fonctionne comme une démonstration de domination. Le bruit créé lorsque les gorilles frappent leur poitrine peut aider à montrer la taille et la force du gorille. Les gorilles mâles utilisent cette technique afin d'effrayer les mâles plus petits et faibles. De plus, cette action semble aussi attirer les femelles qui veulent s'accoupler en raison de la démonstration de force impressionnante.

93. Pourquoi les vautours tournent-ils en rond ?

Avez-vous déjà remarqué des vautours tournant autour d'un champ ? Alors que beaucoup de gens pensent que les vautours le font chaque fois qu'ils ont trouvé un repas, peu savent exactement pourquoi ils volent spécifiquement en cercle. Tout d'abord, les vautours ne tournent pas autour d'animaux morts ou mourants. En fait, si les vautours tournent en rond, cela signifie qu'ils n'ont encore rien trouvé à manger et espèrent potentiellement trouver un repas. Les vautours tournent autour des bouches d'aération thermiques libérant de l'air de la Terre. Cela leur permet de glisser et de rouler facilement dans les airs, ce qui leur permet de rechercher plus facilement de la nourriture. Souvent, on remarque qu'un vautour vole plus bas que les autres. C'est parce qu'il renifle spécifiquement des repas potentiels pour le reste du groupe. Une fois qu'un repas est effectivement trouvé, le groupe de vautours atterrit pour manger. Ils ne passent pas plus de temps à voler autour du repas.

94. Pourquoi certains moustiques ne piquent-ils pas ?

Beaucoup de gens ont remarqué que certains moustiques semblent être très désireux de mordre les gens et de boire leur sang, tandis que d'autres moustiques semblent presque désintéressés par le concept. Il y a plusieurs raisons à cela. Tout d'abord, seuls les moustiques femelles piquent et boivent du sang. Les moustiques mâles ne le font pas. Deuxièmement, de nombreuses espèces sont souvent mal étiquetées comme étant des moustiques. Il existe plusieurs types de mouches qui ressemblent beaucoup aux moustiques mais qui ne piquent pas ou ne sucent pas le sang. Souvent, lorsque les gens parlent de moustiques qui ne les piquent pas, ils ont en fait vu une espèce de mouche. Troisièmement, certaines personnes sont tout simplement moins attrayantes pour certains moustiques. Les moustiques ont des préférences différentes pour les personnes qu'ils aiment piquer : la température corporelle, l'odeur corporelle et le type de microbes présents sur la peau de la personne. Alors que certains moustiques peuvent aimer l'odeur ou la température d'une personne, cela peut rendre d'autres moustiques réticents à les piquer. Qui aurait cru que les insectes pouvaient avoir de telles préférences ?

95. Pourquoi les poissons d'argent mangent-ils des vêtements ?

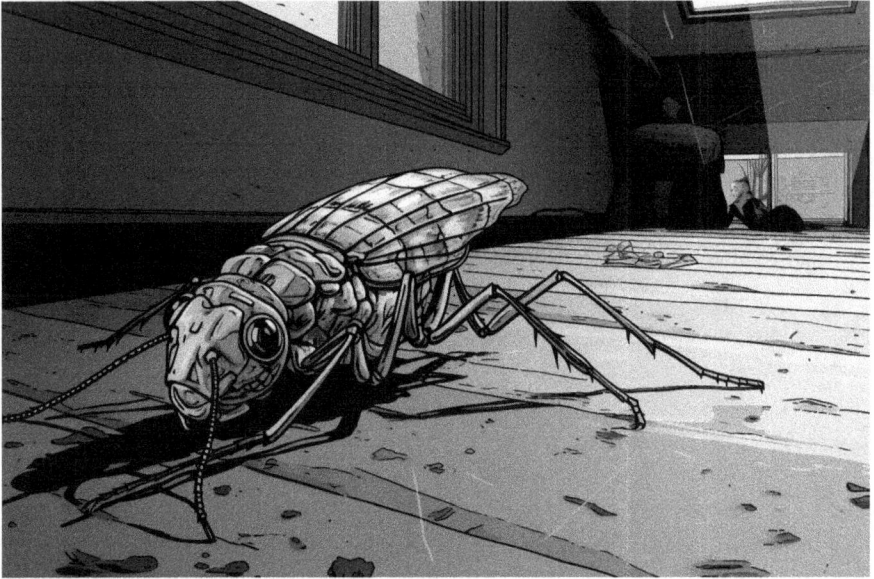

Les poissons d'argent sont des créatures intéressantes que beaucoup de gens trouvent errantes dans leurs salles de bain et leurs placards. Beaucoup de gens savent que les poissons d'argent tentent parfois de manger des vêtements. Certaines personnes sont confuses quant à la raison pour laquelle ces insectes spéciaux sont si intéressés à manger du tissu. La vérité est que les poissons d'argent ne veulent pas manger votre tissu. Ils sont plus intéressés par certains des composés qui se trouvent sur vos vêtements. Les poissons d'argent aiment se nourrir d'amidons, de sucres et de protéines. Bien que les poissons d'argent fouillent souvent dans les cuisines avant d'essayer de manger des vêtements, cela ne les empêche pas toujours de fouiller dans un placard et de grignoter des vêtements contenant le type de substances mentionnées ci-dessus. Les vêtements qui ont été amidonnés sont particulièrement vulnérables à être mangés par les poissons d'argent car ils aiment manger de l'amidon en général. De plus, les vêtements qui ont des taches de boissons sucrées et d'aliments attirent également les poissons d'argent. Si vous gardez vos vêtements propres et sans taches sucrées, vous ne devriez pas avoir à vous soucier des poissons d'argent qui les mangent comme collation.

96. Pourquoi les chauves-souris dorment-elles à l'envers ?

Les films représentent souvent les chauves-souris comme des créatures dormant à l'envers. En fait, cette représentation est en grande partie exacte. Parmi les centaines d'espèces de chauves-souris, toutes sauf six dorment en position inversée. La raison de cette position de sommeil unique est liée à leur méthode d'envol. Contrairement aux oiseaux, les chauves-souris ne peuvent pas se soulever du sol en raison de la structure de leurs ailes. Pour s'envoler, elles doivent d'abord tomber, puis déployer leurs ailes. C'est pourquoi elles recherchent des perchoirs élevés où elles peuvent se suspendre la tête en bas, ce qui leur permet de simplement lâcher et de commencer leur envol. Cette position offre également l'avantage d'un décollage facile en cas d'urgence, tout en les gardant bien dissimulées des prédateurs potentiels. Les chauves-souris possèdent des tendons spécialisés qui se resserrent automatiquement, ce qui permet à leurs serres de s'agripper fermement lorsqu'elles se perchent, faisant du sommeil à l'envers un choix naturel et efficace pour elles.

97. Pourquoi les chats ont-ils peur quand ils voient des concombres ?

Des vidéos virales sur Internet ont montré des chats paniqués lorsqu'ils sont exposés à des concombres. Beaucoup de gens se demandent si cela est réel et si oui, pourquoi cela se produit-il ? Bien que tous les chats n'aient pas peur des concombres, certains en ont peur. Ces chats sautent souvent de peur ou lèvent leurs poils pour paraître plus gros. C'est parce que certains chats confondent le concombre avec autre chose. Bien que nous ne puissions pas le dire avec certitude, les scientifiques spéculent que certains chats peuvent croire que le concombre est un serpent à première vue. Alors que les chats jouent souvent avec les serpents et les chassent, les serpents sont également capables de nuire aux chats. Ainsi, lorsqu'un chat voit une collation de manière inattendue, il peut avoir peur ou agir de manière défensive. Alors que certains chats se calment rapidement et inspectent davantage le concombre, d'autres s'enfuient. En fin de compte, la réaction peut sembler absurde, mais c'est l'un des nombreux instincts qui protègent nos chatons bien-aimés du danger.

98. Pourquoi les lézards ont-ils une poche de gorge ?

Avez-vous déjà remarqué que les anoles verts et certains autres types de lézards ont des organes rouges en forme de poche au fond de la gorge ? On suppose qu'il s'agit d'une sorte de poche, mais il s'agit en fait d'un lambeau de peau connu sous le nom de double tour ou éventail de gorge. Des os spéciaux appelés appareil hyoïde donnent à ces lézards la capacité d'afficher leurs fanons à volonté. Les lézards mâles et femelles ont des éventails de gorge spéciaux, mais les mâles ont un éventail de gorge rouge, tandis que les lézards femelles ont tendance à avoir un éventail de gorge gris blanchâtre. Les femelles n'utilisent leurs éventails de gorge que pour l'accouplement, mais les mâles ont de multiples utilisations pour leurs fanons. Les lézards mâles exhibent leurs fanons afin d'affirmer leur domination sur les autres lézards mâles. C'est pourquoi vous verrez parfois des lézards exhiber leurs fanons aux autres tout en se balançant de haut en bas. Les lézards mâles et femelles montrent également leurs fanons afin de s'attirer mutuellement. Vous pouvez deviner exactement ce qui se passe en regardant la couleur des fanons de chaque lézard impliqué.

99. Pourquoi les chats pulvérisent-ils ?

Les chats qui n'ont pas été stérilisés font parfois ce que nous appelons « pulvérisation. » Lorsque cela se produit, les chats libèrent un jet de liquide nauséabond en plus d'un jet d'urine. Les chats dirigent souvent ce flux vers des objets ou des murs. Bien que ce comportement soit ennuyeux pour les maîtres d'animaux de compagnie, il s'agit en fait d'un élément important de la communication pour les chats. Lorsque les chats pulvérisent des objets, ils marquent l'objet comme le leur. Cela permet à des chats de sentir l'objet et de déterminer qu'il a été réclamé par un autre chat. Parfois, cela peut entraîner des batailles de domination où deux chats pulvérisent à plusieurs reprises le même objet pour tenter de le réclamer. Les chats mâles sont plus susceptibles de pulvériser, mais les chats femelles pulvérisent également à l'occasion. Certains chats ne pulvérisent jamais, même s'ils ne sont pas stérilisés. Cependant, si la pulvérisation devient un problème, la stérilisation du chat permettra d'arrêter le comportement en diminuant sa nature territoriale.

100. Pourquoi les chiens ont-ils peur pendant les orages ?

La plupart des chiens sont des animaux relativement heureux, mais certains peuvent facilement être effrayés par des bruits forts ou des événements inattendus. Beaucoup de chiens ont peur des orages, comme le montre la variété des produits vendus qui cherchent à soulager les symptômes de cette peur. Beaucoup de gens supposent que les chiens ont simplement peur du bruit fort que le tonnerre crée. C'est est vrai dans de nombreux cas mais ce n'est pas la seule raison pour laquelle un chien peut trouver un orage effrayant. Les chiens peuvent également sentir des changements de pression que les humains ne peuvent pas sentir. Les scientifiques ont déterminé que ces changements de pression peuvent causer de l'anxiété chez certains chiens même en l'absence de tonnerre. De plus, les aspects sociaux de ces tempêtes peuvent également avoir un impact sur les chiens. De nombreux chiens se retrouvent seuls pendant les tempêtes, leur maître étant au travail ou les mettant en cage en raison de leur anxiété. Cette séparation peut augmenter leur anxiété. Dans l'ensemble, ces tempêtes peuvent être très effrayantes pour un chien, mais il existe maintenant des gilets de tonnerre spéciaux et des friandises apaisantes qui peuvent aider à combattre cette anxiété.

Le saviez-vous ?

- Les souris sont très intelligentes et peuvent apprendre et résoudre des énigmes complexes.
- Les musaraignes éléphants ont de grandes oreilles, qu'elles utilisent pour diffuser l'excès de chaleur et se rafraîchir.
- Une minuscule créature appelée l'ours d'eau, ou tardigrade, peut survivre dans des conditions extrêmes, y compris dans l'espace.
- Les fourmis coupe-feuille sont petites mais fortes, capables de transporter des feuilles pesant plusieurs fois leur poids.
- Le plus petit cerf du monde, le pudu, mesure à peine douze à quatorze pouces (trente à trente-cinq centimètres) de haut, à l'épaule.
- Les bécasseaux sont de petits oiseaux au long bec, idéaux pour sonder le sable à la recherche de minuscules proies.
- Les puces d'eau microscopiques, ou daphnies, sont essentielles dans les écosystèmes aquatiques, servant de source de nourriture à de nombreux petits animaux.

101. Pourquoi les castors construisent-ils des barrages ?

Les castors sont connus pour briser des grosses branches et des bûches avec leurs dents afin de construire une structure appelée barrage. Cependant, beaucoup de gens ne savent pas pourquoi les castors construisent des barrages. Les castors sont les architectes et les ingénieurs civils du monde animal. Ils construisent leur environnement pour répondre à leurs besoins, de la même manière que les humains le font. Pour rester en sécurité, les castors ont besoin de grandes étendues d'eau pour nager. Malgré qu'ils soient lents et faciles à attaquer sur terre, ils sont des nageurs rapides et capables de rester en sécurité dans l'eau. Lorsque les étangs ne sont pas naturellement disponibles pour eux, ils fabriquent les leurs. En utilisant des branches, de la boue et de l'herbe, les castors sont capables de bloquer les voies fluviales et les ruisseaux afin de produire leurs propres étangs pour y rester. Cela les aide aussi parfois à localiser les aliments, car ils sont capables de se rapprocher des plantes et de l'écorce dont ils ont besoin pour les nutriments. Une croyance commune fausse est que les castors vivent à l'intérieur de leurs barrages. Ce n'est pas vrai. Les castors vivent généralement dans des monticules spéciaux à côté de leurs barrages.

Bonus !

Merci de m'avoir soutenu et d'avoir acheté ce livre ! J'aimerais vous envoyer des cadeaux. Ils comprennent :

- La version numérique de *500 World War I & II Facts*

- La version numérique de *101 Idioms and Phrases*

- Le livre audio de mon best-seller *1144 Random Facts*

Scannez le code QR ci-dessous, entrez votre email et je vous enverrai tous les fichiers. Bonne lecture !

Jetez un coup d'œil à mes autres livres !

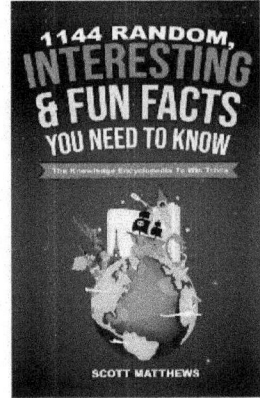

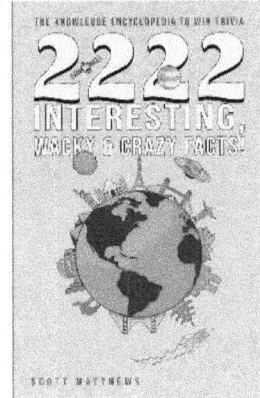

www.ingramcontent.com/pod-product-compliance
Lightning Source LLC
Chambersburg PA
CBHW070118030426
42335CB00016B/2198